职业教育新形态一体化系列教材

旅游概论

主　编　桂家红　王叔杰　吴晓玉
副主编　彭灵丽　赵日月　陈颖娟
　　　　何丹丹　侯　琳　陈　晔
参　编（按姓氏笔画排序）
　　　　文玉玲　刘　芸　李　路
　　　　李晓英　杨　雪　黄小茜
　　　　彭　维

中国传媒大学出版社
·北京·

图书在版编目（CIP）数据

旅游概论 / 桂家红，王叔杰，吴晓玉主编. -- 北京：中国传媒大学出版社，2024.2
ISBN 978-7-5657-3558-5

Ⅰ. ①旅… Ⅱ. ①桂… ②王… ③吴… Ⅲ. ①旅游—教材 Ⅳ. ①F590

中国国家版本馆CIP数据核字(2024)第010341号

旅游概论
LÜYOU GAILUN

主　　编	桂家红　　王叔杰　　吴晓玉
策划编辑	温晓芳
责任编辑	温晓芳
封面设计	刘志伟
责任印刷	李志鹏
出版发行	**中国传媒大学**出版社
社　　址	北京市朝阳区定福庄东街1号　　邮　编　100024
电　　话	86-10-65450528　　65450532　　传　真　65779405
网　　址	http://cucp.cuc.edu.cn
经　　销	全国新华书店
印　　刷	廊坊市广阳区九洲印刷厂
开　　本	787mm×1092mm　　1/16
印　　张	12.75
字　　数	259千字
版　　次	2024年2月第1版
印　　次	2024年2月第1次印刷
书　　号	ISBN 978-7-5657-3558-5/F·3558　　定　价　45.00元

本社法律顾问：北京嘉润律师事务所　　郭建平

随着社会经济的发展和人们生活水平的提高，旅游业已成为世界经济中发展势头强劲、规模巨大的产业之一。我国旅游资源丰富，人口规模庞大，未来，我国旅游业将迎来巨大的发展机遇，发展前景广阔。相应地，对旅游专业人才的需求也将越来越大，尤其需要培养旅游管理专业的高素质技能型人才。

"旅游概论"是高等院校旅游类专业的一门主干专业课程，是学生认识旅游、掌握旅游的一般规律、学习旅游业生产要素、了解旅游发展和旅游市场以及旅游业可持续发展等内容的课程。本书针对此课程编写，通过学习本书，学生可以掌握旅游学的基本概念和基础理论，了解旅游业的基本要素及各要素之间的关系，认识旅游活动发展的基本规律，了解社会经济发展与旅游活动的关系，从而提高学生对旅游的认识，并为其他旅游专业课程的学习打下坚实的基础。

本书为了适应企业和市场对人才需求的变化，满足社会对技能型人才的要求，紧密贴近职业教育改革的实际，力求体现以下特点：

（1）以企业需求为基本依据进行编写，以就业为导向，培养学生的实际运用能力，从而达到学以致用的目的。

（2）以"教学做合一"思想为指导（理论与实践一体化），针对学生的特点，引导他们做中学、学中做、边学边做，同时兼顾知识、技能、经验的学习，并培养其敬业精神及严谨、踏实的工作作风。

（3）以提高学生综合素质为基础，充分考虑对学生个人能力的提高；以内容为核心，注重形式的灵活性，配套多元化的教学资源，使学生得到全方位、立体化的沉浸式体验。

本书由桂家红、王叔杰、吴晓玉担任主编，由彭灵丽、赵日月、陈颖娟、何丹丹、侯琳、陈晔担任副主编，文玉玲、刘芸、李路、李晓英、杨雪、黄小茜、彭维参与编写。全书由桂家红统稿、王叔杰审稿。

本书在编写过程中，参阅了众多学者的文献资料，在此深表感谢！由于编者水平有限，书中如有疏漏之处，敬请读者批评指正。

编　者

2023年11月

第一章　初识旅游 ……………………………………………………………… 1

第一节　旅游的产生 …………………………………………………… 3

第二节　旅游的概念 …………………………………………………… 8

第三节　旅游的本质属性 ……………………………………………… 11

第四节　旅游的特征和类型 …………………………………………… 14

第五节　旅游组织 ……………………………………………………… 19

第二章　旅游简史 ……………………………………………………………… 27

第一节　世界旅游简史 ………………………………………………… 29

第二节　中国旅游简史 ………………………………………………… 36

第三章　旅游活动的基本要素 ………………………………………………… 51

第一节　旅游者 ………………………………………………………… 53

第二节　旅游资源 ……………………………………………………… 59

第三节　旅游业 ………………………………………………………… 68

第四章　旅游业的构成 ………………………………………………………… 77

第一节　旅行社 ………………………………………………………… 79

第二节　旅游交通 ……………………………………………………… 84

第三节　旅游饭店 ……………………………………………………… 90

第四节　旅游景区 ……………………………………………………… 96

第五节　旅游购物 ……………………………………………………… 102

第六节　旅游娱乐业 …………………………………………………… 108

第五章　旅游市场 ········· 115

第一节　旅游市场初探 ········· 117
第二节　旅游市场细分 ········· 123
第三节　我国的旅游市场 ········· 131

第六章　生态旅游与可持续发展 ········· 145

第一节　生态旅游概述 ········· 147
第二节　旅游可持续发展 ········· 153

第七章　旅游业的发展趋势 ········· 167

第一节　世界旅游业的发展趋势 ········· 169
第二节　中国旅游业的发展趋势 ········· 182

参考文献 ········· 198

第一章
初识旅游

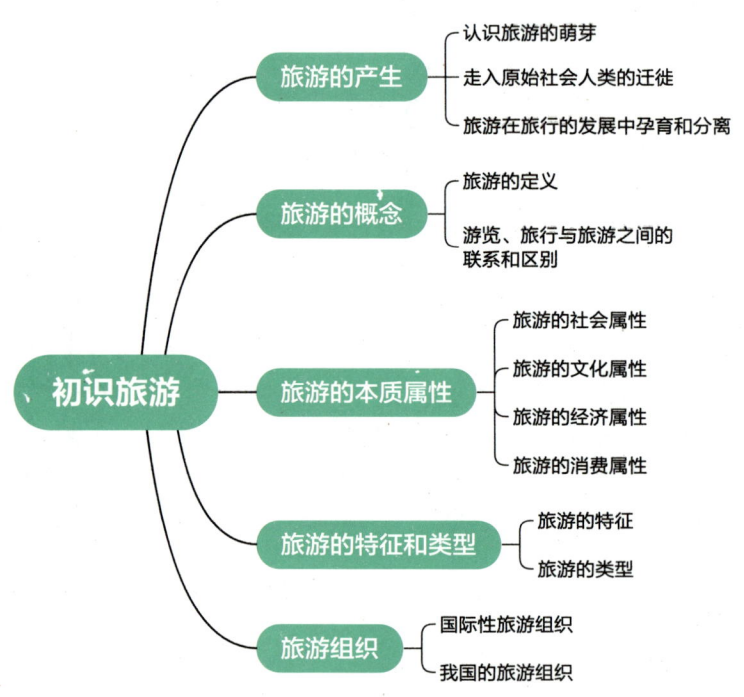

学习指南

◎ 知识目标：了解旅游的产生过程；掌握旅游的定义、本质属性、特征、类型；熟悉主要旅游组织的名称、简称、成立时间、成员、总部。

◎ 能力目标：掌握区分旅游与迁徙、旅游与旅行的技巧。

◎ 德育目标：培养审美意识，会用历史唯物主义观分析旅游现象。

第一节　旅游的产生

尽管世界各地的发展有快有慢，旅游的出现有先有后，但都经历了一个从萌芽、发展到日趋成熟的过程。

一、认识旅游的萌芽

自有人类以来，人类迁徙的脚步从来就没有停止过。这种迁徙，改变了世界，也改变了人类自身，同时续写了人类的历史。

在脱离动物界以后，农业生产方式发明以前，人类曾经有短暂的伊甸园般的生活，但随着人口数量的迅速增长，人类在漫长的岁月里一直过着流动性的生活。他们通过采集、狩猎等集体劳动获得并分享劳动成果来延续生命。然而，采猎生活受自然环境的影响最直接，人类只能不停地迁徙，四处寻找适宜的生存环境。

原始社会前期：在自然分工的基础上，人类以狩猎和采集为生，他们无时不在忍受饥饿和自然灾难的侵袭。

新石器时代：畜牧业和原始农业开始形成，出现人类历史上第一次社会大分工，但是并未改变人类社会生产落后的情况。因为缺乏劳动剩余物，所以人类还不存在有意识的自愿外出旅行的需要。

从主观上讲，人类并无旅行的需要；从客观上讲，迁徙是因自然环境因素的威胁而被迫产生的，属于生存需要。

传说中的中华民族的始祖黄帝，是一个喜好远游的古代帝王，他"披山通道，未尝宁居""迁徙往来无常处"；大禹治水，居外13年，"三过家门而不入"的事迹被广泛流传。虽然这些与现代意义上的旅游有本质区别，但是揭开了中华民族旅游历史的扉页。

因此，我们有理由认为，早期人类的迁徙活动是人类有自主意识的旅行"预演"，或者说，人类在尚未有"旅行观念"时就开始"旅行"实践了。

二、走入原始社会人类的迁徙

当恐龙灭绝后，哺乳动物进入飞速进化时期。5 000多万年前，最早的灵长类动物出现在地球上，不过它们要想进化成人类，还有漫长的路要走。大约在1 000万年之前，原本是热带雨林的非洲，由于东非大裂谷的出现，发生了天翻地覆的变化，最终雨林变成草原，气候也变得干旱。原本生活在树上的古猿，开始来到地面。又过了数百万年，终于有一部分古猿的脑容量突破750毫升，最早的人类——智人，正式登场，如图1-1所示。

图1-1 智人

(一)人类的迁徙史

当能人(大约出现在距今200万年前,能够直立行走,能制造和使用简单的工具)出现后,人类对于资源的需求也增加了,一部分能人开始走出非洲,开始了人类历史上的第一次大迁徙。不过这个时候,现代人类的祖先仍然在非洲生活。一直到大约30万年前,智人出现了,作为现代人类的直接祖先,他们不满足于生活现状,开始陆续走出非洲。

从22万年前开始,几乎每隔一段时间,就会有智人离开非洲。多年来,古人类学家也一直在追踪古人类的迁徙足迹,他们曾在沙特阿拉伯的北部发现12万年前的古人类遗迹,并认为这些古人类曾经在这里歇脚休息。

(二)如今的沙漠,曾经的绿洲

虽然在如今看来,位于中东的内夫得沙漠气候环境是非常恶劣的,但是在12万年前,那里却是一片绿洲。

古人类学家表示,在当时,那里有大量的淡水湖,也有很多动物。当智人走出非洲,来到那里的时候,他们进行饮用水的补给,同时猎杀动物来食用。不过遗憾的是,虽然当时的内夫得沙漠气候环境都非常宜居,但是智人并没有选择留下来,而是短暂地休息后,就继续朝着远方前进。

这个发现也印证了古人类学家对智人迁徙路线的猜想,多年来,一直有一种观点认为,智人是途经阿拉伯半岛来到亚洲和欧洲的。那么,为何智人会离开非洲呢?

大约12万年前,非洲的环境变得更加干旱,各种资源也开始匮乏,智人为了生存,只能一路朝着资源丰富的地方迁移进。

古人类学家研究发现,智人是通过非洲东北部离开非洲的,他们一路沿着红海的海岸前进,在途中还曾经以海洋中的贝类为食,最终抵达阿拉伯半岛,短暂休整后再次远行,去往了亚洲和欧洲,并且在地球进入大冰期的时候,沿着冻结的海面来到了美洲。至此,人类的第一次大迁徙完成。

可以说，古人类的迁徙是非常艰辛的，不过正是由于他们的付出，我们才拥有了今天。古人类学家指出，研究古人类的迁徙史，或许可以帮助现代人类更好地了解其起源。

> 问题引导：远古人类的生活为什么比较艰难？他们在迁徙过程中遇到了什么样的苦难？

三、旅游在旅行的发展中孕育和分离

（一）旅行观念产生的基础和条件

人类历史上三次社会大分工的结果：第一，人类从流动性生活走向定居性生活，标志着人类智慧的进步、理性的提高和劳动创造的文化意识的发展；第二，物质资料生产方式的改进，促使社会生产力水平提高和剩余劳动产品增多，进而产生了手工业，并从家庭劳动中分离出来；第三，社会分工越来越细，使得从事不同性质劳动的人员的劳动及其产品需要进行交换，互补有无。因此，许多产品的生产目的已不是单纯为了自己使用，更多的是为了交换。人类的剩余劳动产品已逐渐转化成商品，商业便应运而生，这就是人类旅行观念产生的社会基础和条件，其促使有自觉目的旅行活动萌芽。

（二）商人开创了旅行的先河

商业产生和商人出现后，为了推销商品、占领更多市场，商人需要及时掌握各地产销信息，并外出进行产品交换和长途贩运活动。于是，具有明确功利目的的经商旅行活动应运而生。在商业利益的驱动下，商人已走遍他们所知道的世界，就整个世界而言，是商人开创了旅行的先河。

（三）经商旅行孕育着旅游的种子

经商旅行是一种功利性的经济活动，其目的在于获得商业利润，并非为了消遣娱乐、游览观光。然而，正是由于商业利益的驱动，商人的足迹才遍布天下，这实质上就是一种广泛的社会交往活动。而通过社会交往获得人际沟通和关系的和谐，不但是经商之道，而且能够给人一种精神上的愉快感受。这反映了经商旅行已经具有现代意义上的旅游内涵。

（四）"享乐旅行"的出现标志着旅游的诞生

享乐旅行是指出自消遣娱乐和享受人生价值的需要而进行的非功利性的旅行活动。在古代，这种享乐旅行有的自开始就具有非功利性享乐目的，但更多的则是在经商旅行或其他功利性目的的旅行过程中，留出一段时间进行游览观光活动。享乐旅行标志着旅游的诞生，意味着旅游与旅行的分离。因此，享乐旅行实质上就是具有现代旅游意义和本质特征的古代旅行活动。

> 问题引导：不同部落之间如何开展商旅活动？若一个部落擅长纺织，另一个部落擅长制作陶器，它们之间会发生什么样的事情？

旅游劳模 践行剧场

洪湖岸边一朵绽放的"湖莲花"
——记洪旅集团金湾酒店左世芳

左世芳，女，1978年6月出生，中国共产党党员。她于2010年进入洪旅集团工作，历任悦兮半岛中餐厅经理、环湖旅游公司运营部经理等职务，现任宏利达公司副总经理，分管酒店、景区一线经营工作。

她将青春献给了洪湖这片厚重的热土，献给了方兴未艾的地方文化旅游事业，辛勤耕耘十余载，文旅花开满城芳。她先后荣获感动鄂旅投十大人物、鄂旅投集团优秀共产党员及优秀工作者等称号，为了树立行业标杆，洪旅集团专门成立了以其名字命名的"左世芳创新工作室"。

天道酬勤，力耕不欺。2010年7月，左世芳进入悦兮半岛温泉酒店中餐厅工作，担任中餐厅经理职务。在工作中，她以踏实、认真的工作作风严格要求自己，不怕苦，不怕累，从不以经理自居，而是和大家一道从最基础的餐厅清洁工作做起，从每间包房洗手间的大玻璃擦起，不放过一个死角，直擦到满意为止。接着又规范、认真地铺台、摆餐巾折花……客人对她好评如潮，领导同事也不吝赞赏，称她不愧是悦兮的"金牌服务员"。左世芳却始终保持谦逊："做好服务工作是我的职责，客人的满意是对我工作的最大褒奖！"

2019年4月，左世芳被调入洪湖旅游港工作。这里风吹日晒，磨砺出她巾帼不让须眉的气度。她事事亲力亲为，每天早上7点准时出现在码头，巡视码头和游船，查找安全隐患，确保游客安全；对当天的客流量进行预估，合理分配游船和航线，保证游客有序游湖；晚上仔细检查每条游船缆绳是否系牢、游船是否打扫干净、船舶日志是否填写规范和完整等，并一一做好记录；最后她又与各旅行社联系，落实第二天的客流量。忙完这一切后，她才拖着疲倦的身体最后一个离开洪湖旅游港。

　　工作之外，她想方设法宣传、推广洪湖旅游港，拜访洪湖各单位，多次上门宣传洪湖旅游港的优势，并邀请市领导到洪湖旅游港指导工作，逐步打开宣传渠道，旅游港的客流量逐渐多了起来，营业收入也步步高升。这其中凝结着左世芳与她的团队数不清的辛劳和汗水，折射着左世芳一心为公、敢于担当、善于担当的勇气和作为。

　　志不求易，事不避难。2021年初，开业不久的金湾酒店因配套硬件设施不完善，加之内部管理薄弱，经营情况不理想。在这样的背景下，一纸任命状落到左世芳手中——从原单位洪湖旅游港调出，转入金湾酒店，担任餐饮部、房务部第一负责人。"面对领导的信任，我责无旁贷，再难也要迎难而上！"关键时刻，左世芳展现出一名共产党员的责任和担当，毫不犹豫地接下了这块"难啃的硬骨头"。

　　她迅速转换角色，适应新环境，第一时间了解部门人员配置情况和实际经营现状，继而厘清思路，明确重点，从部门资产盘点到人员结构调整，从岗位职责分工到服务流程优化，左世芳秉持严谨细致的工作态度和事必躬亲的工作作风，逐步推动部门高效运转，促进酒店经营管理迈上正轨。身兼房务部、餐饮部两大业务部门的日常管理，各项工作琐碎繁复，但她游刃有余，总能将一切事务处理得妥妥当当。多年的职场经历早已让她淬炼出强悍的筋骨，看似柔弱的肩膀足以撑起半边天。

　　勇于担当，甘于奉献。西餐厅、中餐厅、宴会厅、会议室、酒店大堂、客房楼层……平日里，左世芳的身影穿行在酒店的各个区域，她用标志性的清脆嗓音和逢人便热情相迎的亲切笑脸为每一位客人送上贴心的服务。她的日常工作时间远超8小时。她早上7点准时出现在西餐厅，跟进现场客人用餐情况；晚上直到餐厅和会场收拾妥当，才姗姗离去。起早贪黑、加班加点已然成为一种常态，可是她闭口不提苦与累，即使前一天忙至深夜，第二天上班依旧精神饱满、神采奕奕。

　　有段时间，左世芳的身体亮起了"红灯"，由于腿疾，她不得不住进医院接受手术治疗。哪怕在住院期间，她依然心系酒店，每天通过电话了解部门运作情况，甚至在与医院工作人员无意闲聊间，谈成了一场婚宴。做完手术后，她顾不上休养，次日便重返岗位，投入到紧张的工作当中。同事说她太"拼"，她却笑着说："这是职责所在，容不得半点松懈。"

（资料来源：洪旅集团，2022-09-13. http://m-honghu.cjyun.org/p/15235.html）

第二节 旅游的概念

一、旅游的定义

"旅游"一词由"旅"和"游"两个字组成。有关"旅游"一词，最早见于南朝著名政治家、诗人沈约《悲哉行》中的"旅游媚年春，年春媚游人"，专指个人意志支配的，以游览、游乐为主的旅行，以此区别于其他种种功利性的旅行。

"旅"字，专指当时最活跃的一种旅行——商旅。《易经》中专讲行商坐贾的一卦叫作"旅"卦。"旅"字之所以用于商旅，一是"旅"本来就含有行走之意，二是"旅"常被古人假借为"庐"，与"庐"字相通的"旅"字便成了当时商业旅游的专称。东周时期，旅行分类更加清楚，东周人除了沿用殷周以来的说法，以"旅"称商旅，以"征"称军旅，以"归"称婚旅，以"巡"称天子之旅，以"迁"称迁徙之旅，特别是他们用"旅"字为中国旅游史引进了现代"旅游"的概念。

"游"的字义是浮行于水中，指人能像鱼一样无拘无束、自由自在地"泳之游之"（《诗经·邶风·谷风》）。这是一件令人高兴的事情，所以当时人们把随心所欲、"优哉游哉"（《史记·孔子世家》）的旅行活动，如游猎、游览、游学等概称为"游"。"游"的提出，说明东周人已经有了比较明确的旅游范畴，能够把旅游与商旅、聘旅级行役（礼节性外交和长途公差）等功利性的旅游区别开来，标志着中国古代旅游从此进入了自觉的认识阶段。

商人的由来

商人古已有之，他们聪明能干，但在帝王将相的舞台上，他们只是人民中的一员。原始社会后期，人类社会出现了以物易物的交换活动。4 000多年前，黄河流域居住着一个古老的部落，他们的首领叫契，契协助大禹治水有功，他的部落被称为商部落，契之孙相土首先发明了马车，六世孙王亥又发明了牛车。这便是史书上"立皂牢，服马牛，以为民利"的记载。农牧业的迅速发展，导致他们生产的东西过剩，契的六世孙王亥很会做生意，经常率领奴隶，驾着牛车，拉着货物，赶着牛羊，到外部落去贸易。王亥最后一次经商是到黄河以北的有易氏。据《竹书纪年》记载：帝泄"十二年，殷侯子亥宾于有易，有易杀而放"。帝泄十二年，即公元前1810年，王亥和弟弟王恒一起从商丘出发，载着货物，赶着牛羊，长途跋涉到了河北的有易氏（今河北易水一带）。有易氏的部落首领绵臣见财起歹意，杀害了王亥，赶走了王亥的随行人员，夺走了货物和牛羊。王亥的弟弟王恒日夜兼程逃回商丘，王亥之子上甲微非常悲愤，欲为王亥报仇。但由于诸多原因，当时未能立即出兵。4年以后，即帝泄十六年（公元前1806年），他才借助河伯之师，灭了有易氏，杀了绵臣，为其父王王亥报了仇。

二、游览、旅行与旅游之间的联系和区别

游览、旅行与旅游是三个不同的概念，三者之间存在联系和区别。

游览是一种边走边看，即具有步移景异的功能和动与静相结合的活动形式。因此，游览活动既可以在人们常住地进行，又可以在异地进行。

旅行是指人们在空间上从一个地方到另一个地方的行进过程，其目的广泛，包括就业、商贸、求学、迁居（移民），或者其他具有明确功利目的所必要的旅程。

旅游是一种排除功利目的的旅行和游览相结合，以获得精神愉快感受的消遣性、娱乐性的社会活动。因此，在旅游这个范畴里，旅行是旅游凭借的手段或前提。只有不受功利约束而进行悠然自得的游览参观等活动，才是旅游的目的和内容。

旅游是以"游"为主，集吃、住、行、游、购、娱于一体的综合性社会活动。游览是旅游的主要目的和内容。旅行更是旅游的重要内容。由此可见，只有旅行而没有游览，构不成旅游；没有以旅行为前提的社会活动，也仅是游览而不是旅游。只有旅行和游览相结合，才能构成完整意义上的旅游。

> **问题引导**：简述旅游、旅行和游览三者之间的关系。

旅游劳模 践行剧场

美丽银滩的守护者——唐瑞鸿

暴晒的海滩是他的工作场所，古铜色的皮肤是他的标志，"盯住"游客是他主要的工作内容……他是全国文化和旅游系统劳动模范，广西北海银滩景区管理有限公司（简称"北海银滩景区"）的救生队队长唐瑞鸿。

北海银滩是中国最热门的海滨打卡地之一，每年有数不清的游客蜂拥而至，感受"天下第一滩"的魅力。每当游客尽兴冲浪时，唐瑞鸿都绷紧神经，游客的轻松肆意与他脸上的凝重专注形成鲜明对比。

2011年，唐瑞鸿入职北海银滩景区。最初，他只是为了找份养家糊口的工作，渐渐地，这份工作的责任之重、意义之大，让他产生了强烈的责任感和归属感，从此一干就是10年。

到救生队之初，唐瑞鸿的专业知识不足，体能测试也跟不上。他开始利用业余时间积极向老救生队员请教，主动向周边渔民了解景区周边海域海情，熟悉海流动向，学习急救技能，加强体能训练……通过艰苦训练和不断积累海上救生经验，唐瑞鸿迅速成长为北海银滩景区的海上救援技术骨干，成为名副其实的"海上游客护航者"。

2020年11月1日傍晚，唐瑞鸿与救生队员在海边巡逻时，发现一名男子在海上遇险。当时天色已经暗下来，能见度很低，又逢涨潮，风浪很大，情况危急。唐瑞鸿与救生队员没有丝毫畏惧，立马展开营救。冒着夜色，唐瑞鸿驾驶摩托艇，尽力向遇险者靠近。巨浪猛烈地颠簸着救生艇，稍有不慎就有被掀翻的危险。经过一番艰难搜救，救生队终于在大海中找到遇险游客，当时游客已经陷入昏迷。经过救生队和医务人员的及时救治，这名游客脱离了生命危险。

更多的时候，唐瑞鸿则是跟救生队员日复一日地进行巡逻和执勤工作。作为队长，唐瑞鸿每天上班的第一时间就会来到岗位，观察水位、水流情况，检查救生衣和救生艇等装备。身为队长，他身先士卒，太阳将他晒得黝黑，不知道晒掉了多少层皮，每次他都自嘲："看，我又脱胎换骨了。"

唐瑞鸿的执着和认真深深感染着救生队的每名队员。提起他，大家都要竖起大拇指："队长工作很认真，对下属很负责。""有事他都会冲在第一线。"……

平凡的工作不平凡。多年来，唐瑞鸿协助寻找失散游客累计达2 000余人，其中失散小孩累计1 360人。2020年，仅他一人救起的危急溺水游客就有14人。唐瑞鸿说，如果身体和精神状况允许，他会一直做下去，认真负责地去对待这份工作，用专业的救援知识去保障游客的安全。

（资料来源：澎湃新闻，2022-01-17. https://www.thepaper.cn/newsDetail_forward_16321237）

第三节　旅游的本质属性

旅游的本质属性包括社会属性、文化属性、经济属性和消费属性。在先前的旅游发展中，我们更强调旅游的经济属性，很少关注其社会属性和文化属性。旅游不仅是一种生活方式，更是一种学习方式和成长方式。习近平总书记在2013年俄罗斯"中国旅游年"开幕式上指出，旅游是修身养性之道，中华民族自古就把旅游和读书结合在一起，崇尚"读万卷书，行万里路"。世界各国特别是世界文化大国在发展现代旅游业中，除了将旅游作为一种生活方式外，更注重将旅游视为一种重要的学习方式和成长方式来加以推广。

一、旅游的社会属性

以往人们在分析旅游的性质时，主要强调它具有经济属性，或认为旅游是一种"社会经济现象"。这种判断的依据是旅游全过程中所离不开的消费（支付）行为。这在表面上看似乎没有错，但实际上颇值得讨论。

判断一种现象所具有的性质，必先认识现象的本质。我们认为，经济对于旅游这种本质上属于审美与愉悦范畴的现象，只是一种外部支持条件，却不是内在本质构成。也就是说，没有经济上的外部支持，仍可以有旅游，否则就无法解释古人靠两腿的推动而旅游，今人靠自制的或早先购入以备他用的交通工具外出旅游的情形。

旅游的社会属性的存在不仅因为审美意识作为旅游的前提条件而社会性地存在，而且在不同的社会条件下，人们的旅游需求还表现为受时代的强烈社会影响所具有的特征。中国古代的旅游就像中国文化的一面折光镜，在这面镜子里，或隐或显地反映出时代文化的影子，或强或弱地袒露着中国文化的灵魂。先秦的朦胧，魏晋的颓废，隋唐的高昂，明清的恬静……20世纪60年代在西方兴起的"3S"旅游与今天普遍倡导的生态旅游，无不反映了不同时代、不同社会在旅游价值观方面的变化。这种变化的根源当然不是经济上的，而是社会上的。

二、旅游的文化属性

旅游活动是旅游主体、旅游客体和旅游中介体相互作用形成的社会综合现象。长期以来，人们偏重于关注旅游的经济属性，偏重于旅游的经济性研究，而忽视旅游的文化属性及对它的研究。殊不知，旅游文化是旅游业得以发展的灵魂。旅游活动中吃、住、行、游、购、娱六要素的实现，要求旅游主体、旅游客体和旅游中介体三者之间紧密地、连贯地互相配合，在这一互相协作的过程中，体现旅游的本质属性——文化属性。

文化旅游和旅游文化的最主要区别是什么呢？

旅游文化与文化旅游是两个既有一定联系又有严格区别的概念。旅游文化属于文化的范畴，是文化的一个门类，与建筑文化、生态文化、艺术文化等并列，是文化的一种类型。而文化旅游属于运动的范畴，是旅游的一种类型，与旅游在内涵上存在有机的联系。一方面，文化的发展丰富了旅游文化的内容，进而促进旅游文化的发展。另一方面，旅游文化的发展能为文化旅游提供内涵丰富的旅游内容，以满足旅游者的各种文化需求。在外延上，文化旅游可以说是旅游文化的一个研究内容，而旅游文化的内容要比文化旅游丰富得多。

旅游在线

中国古代第一军事工程——长城

长城是中国也是世界上修建时间最长、工程量最大的一项古代防御工程，如图1-2所示。自公元前七八世纪开始，不断修筑了2 000多年，分布于中国北部和中部的广大土地上，可谓"上下两千多年，纵横十万余里"。

图1-2　长城

长城像一条巨龙跨越崇山峻岭、江河湖海，横卧在中国北方的土地上。1987年，长城被列为世界文化遗产。长城凝聚了中华民族自强不息的奋斗精神和众志成城、坚韧不屈的爱国情怀，已经成为中华民族的代表性符号和中华文明的重要象征。今天的长城，承载着守望和平、开放包容的时代精神，正迎接着来自世界各地的朋友。

三、旅游的经济属性

人们对旅游性质的关注，最早是从旅游活动的经济性开始的。

在旅游学研究的早期，旅游学的理论刚从传统的相关学科分离，学者比较感兴趣的是旅游活动对目的地社会经济发展的影响。他们将旅游界定为一项具有经济属性的社会活动。这在当时学科发展的背景下具有一定的道理。

众所周知，旅游作为一项产业，距今仅有一百多年的历史，旅游学作为一门学科出现，则更晚一些。据考察，就全球范围内来看，旅游产业最早主要出现在欧洲地中海沿岸国家，这标志着在该地区范围内，有效的旅游需求已经具有相当的规模。而旅游产业出现之初，市场已经成为这一地区资源配置的主要手段，市场经济已经取得了主体经济地位。在市场经济背景下，旅游者需求的有效满足已经不是单纯依靠旅游资源就可以解决的，旅游者活动的消费对象表现为具有一定品位、一定数量、一定规模的旅游产品。此时，旅游资源已经不再是旅游者直接消费的对象，而是作为旅游产品的重要组成要素存在和发挥作用。

旅游产业的出现，意味着旅游者的旅游需求将主要通过消费旅游产品的方式得以满足，从微观的角度看，旅游活动因此具有了经济性。大规模的旅游行为，又会导致社会财富在不同的区域间转移，这体现在旅游活动的开展不仅会对目的地经济社会发展带来一系列的影响，而且会对旅游者所在地（旅游客源地）经济社会的发展带来一定影响，从宏观的角度考察，旅游活动同样具有经济性。

随着生产力持续发展、社会不断进步，市场经济在全球范围内的影响日益加深，并成为全球资源配置的方式。时至今日，旅游活动的经济属性正在得到不断强化。

四、旅游的消费属性

人们的活动包括两个领域：生产领域和消费领域。生产领域肩负着物质生活资料和精神生活资料的生产使命，而消费活动是出于维持个体生存、保证劳动能力的再生产乃至实现个人社会发展等目的而对生产活动成果的耗用。旅游在其全过程中不向社会也不为旅游者个人创造任何外在的可供消费的资料，相反，却消耗着旅游者以往的积蓄和他人的劳动成果。即使在比较极端的情况下，如仅限于个人的流连山水，陶醉于大自然（而非人造）的美的恩赐，也是在消磨其本可以用于创造财富的生产时间。所以，旅游无疑是消费行为，不是生产行为。由于旅游是从人的生命波谱中截取的一个波段，因此旅游消费不会完全超脱于一般的日常消费。然而，从消费的导向和构成以及各部分的意义上看，旅游消费有不同于日常消费之处，突出地表现在重视精神内容、追求审美体验，甚至在某些方面表现出对日常生活消费的畸变，而这些均决定于旅游的本质规定性以及旅游所具有的外部特征。

问题引导：旅游都包含哪些属性？它们之间存在什么联系？

旅游劳模 践行剧场

坚持以游客为中心，守住旅游安全底线——方玲

"本次作为旅游行业劳模代表参加'周末早餐会'，我倍感荣幸，感受到了市委、市政府对劳动者深切的关怀，让我有机会向各行各业的劳模学习。"2022年4月26日，2019年获得三明市劳动模范称号的方玲与记者谈起23日参加"周末早餐会"时心情仍然激动。

1999年7月，方玲从参加工作开始，连续8年在金湖景区任定点导游员。在旅游旺季，方玲每天都要在景区跑上多趟。面对游客的各种好奇，方玲总是详细耐心地解答，让每位游客乘兴而来、满意而归。8年的导游工作，方玲始终保持着"零"投诉。

从导游一线到安全管理，变的是岗位，不变的是她对旅游业始终充满热情。自2007年方玲调岗泰宁县旅游有限公司安办主任后，她在对待安全生产工作上，更是始终践行"安全是旅游的生命线"理念，从年初层层签订《安全生产责任状》，到年中演练、培训、发布预警信息、安全检查等，细之又细。

她结合多年从业经验，将公司的各类管理制度、操作规范、业务流程及安全应急预案等，整理成基础标准、管理标准、服务标准、岗位标准四大旅游标准体系，共141项旅游标准，于2016年1月印刷完成《旅游标准体系》。"金湖游船，我最为关注。一条船上这么多游客，安全工作尤为重要。"方玲每年都要对排工、船员进行安全生产知识与应急处置培训，以提高他们的安全生产防范与处置能力。

方玲表示，在未来的工作中将筑牢安全防线，为每一位游客提供安全舒适的旅游环境。"消防安全知识培训和实操演练是景区安全的保障，也是我市长期关注的重点，希望在旅游空档期和安全生产月，旅游主管部门与消防部门能够组织更多培训，提升全员安全风险管控能力。"这是方玲在早餐会上提出的建议。

（资料来源：三明日报，2022-04-24. http://smrb.smnet.com.cn/pad/layout/content/202204/24/content_121202.html）

第四节　旅游的特征和类型

一、旅游的特征

不同时代的旅游会有不同的时代特征，但作为一项社会活动，各个时代的旅游也有一些共同的特征，这些特征贯穿人类旅游活动的始终。

（一）审美性

旅游是一种寻找美、感受美的活动，审美活动贯穿旅游活动的全过程，并渗透旅游活动的各个领域。旅游审美集自然美、社会美、艺术美于一体，将山川、动物、植物、文物、建筑、古迹、书法、雕刻、音乐、美食等作为审美对象，能最大限度地满足人们的审美需求。

从旅游的3个基本要素来分析，旅游的确具有显著的审美特征。

（1）从旅游主体来看，审美追求是旅游者旅游的普遍动因。

（2）从旅游客体来看，凡被列为旅游资源者，其所蕴含的美学特征都比较突出，旅游资源是体现美的载体。

（3）从旅游媒介来看，旅游业的任务就是适应经济建设和旅游者的需要，生产和挖掘美的景观、美的商品，提供优质的服务。说到底，旅游业就是创造美和生产美的行业。

（二）异地性

旅游不仅要欣赏美，而且要欣赏"异地"的美。离开惯常的生活环境去观赏异地风光、体验异地生活是旅游的另一特征。心理学研究表明，同一事物的刺激反复出现，会降低人对这一事物的敏感性。因此，当人们在一个地方生活久了，对自己所处的环境就会感到平淡无奇，从而冲淡了对这一环境的审美体验。而人类求美、求新、求异的特性又不断地促使人们向往远方的新鲜的环境。没有位置移动的活动不是旅游活动。

（三）流动性

旅游活动的实现需要旅游者不断地"流动"。这种流动由两部分组成，一部分指游客从旅游客源地向旅游目的地的流动。这一点与旅游的异地性是一致的，正因为旅游具有异地性，所以旅游者需要从自己的常住地向旅游目的地流动。另一部分指旅游者在到达旅游目的地后的流动。在旅游目的地，游客不是静止不动，他们会游走于各景点之间，或者为了满足自身的吃、游、购、娱等需要而在景区中奔波。流动性是旅游活动的另一个特征，旅游都具有流动性。

（四）综合性

旅游活动的综合性主要表现在3个方面：第一，旅游活动几乎包括人类消费需求的各个方面，只要是人在日常生活中需要的服务，基本上也是旅游当中需要的；第二，旅游活动涉及多个服务部门，如旅行社、交通运输、住宿、餐饮、商场、邮电通信等，一项完整的旅游活动往往是在多个服务部门共同努力下完成的；第三，旅游者外出旅游的形式多种多样，包括游览观光、休闲娱乐、探亲访友、专业访问、休养度假、商务旅行等，他们对旅游客体的要求也各不相同，有的喜欢纯自然的，有的喜欢人文的，有的则喜欢自然和人文有机结合的。

> 问题引导：简述旅游包含哪些特征。

二、旅游的类型

旅游的类型是指旅游活动所表现出来的不同类型，体现了旅游活动方式的差异性、多样性和特色性。目前国内外对旅游尚无确切统一的分类方法，下面仅列举几种较为常见的分类方法。

（一）按旅游区域划分

1. 国内旅游

（1）地方性旅游是指当地居民在本区、本县、本市范围内的短期旅游。

（2）区域性旅游是指离开居住地，到邻近地区的风景名胜区的旅游。

（3）全国性旅游是指跨省份的旅游。

2. 国际旅游

所谓国际旅游，是指一个国家（地区）的居民跨越国界，到另一个或几个国家（地区）所进行的旅游活动，即出境旅游、入境旅游、跨国旅游、洲际旅游、环球旅游。

（二）按旅游目的划分

1. 观光旅游

观光旅游是目前最普遍和最主要的旅游活动类型。所谓观光旅游，主要是指旅游者到异国他乡游览自然山水、鉴赏文物古迹、领略风土民情，从中获得自然美、艺术美、社会美的审美情趣，以达到消遣娱乐和愉悦身心效果的旅游。

2. 度假旅游

度假旅游的旅游者多数是经济富裕的人士或一些中老年人士。其旅游目的是避寒避暑，寻求优雅清静的生活环境，欢度假期，治疗疾病，参加一些有益健康的体育运动和一些有趣味、有特色的消遣娱乐活动，以消除疲劳、减少疾病、增进健康。

3. 公务旅游

公务旅游是指以某种公务为主要目的的旅游，某些具体功利性目的和旅游相结合的旅游形式是旅游内涵的一种外延。

（1）商务旅游。商务旅游之所以日渐盛行，关键在于当今商务活动内容和范围的不断拓展，相对持久的国际和平环境，以及世界经济一体化的加快。商务旅游包括商务考察、调查投资、进行具体项目的业务洽谈、视察所属公司企业的经营活动层次和规模的贸易展示会乃至拜访客户或供货商等。

（2）会议旅游。会议旅游的内涵旨在强调会议之余或会议进程中截取一段时间所开展的旅游活动，其实质是开会与旅游相结合的一种社会活动，具有消费高、时间长、计划性强等特点。相比一般的旅游接待，会议旅游能获得较高的经济效益。

4. 专项旅游

专项旅游是指以满足某种特定需要为主要目的的旅游，具备定向性和专题性。

（1）宗教旅游。宗教旅游是世界上最古老的旅游形式，主要以朝圣、拜佛、求法、取经或宗教考察为主要目的。

（2）购物旅游。购物旅游是一种以购物为主要目的的旅游。

（3）会展旅游。会展旅游是一种以会展产业为依托的旅游。它集公司会议、大型企业会议、综合展览会、奖励旅游为一体，包括科学探险、学术考察、各种形式的文化交流乃至政府官员在外交上或对国内外的考察。

（三）新型旅游

1. 乡村旅游

乡村旅游是指以农业（包括乡村文化）资源为对象的观光、度假、娱乐、康乐、民俗、科考、访祖等复合型旅游活动，包括观光农业旅游、休闲农业旅游和生态农业旅游。近年来，四川各地瞄准乡村振兴发展新机遇，以融合发展为抓手，把旅游业作为带动乡村发展的重要途径，围绕旅游全产业链持续发力，全省各地乡村旅游呈现百花齐放的发展态势，其中成都战旗村先后荣获"全国军民共建社会主义精神文明先进单位""全国文明村""中国美丽休闲乡村""国家AAAA级旅游景区""全国乡村旅游重点村""四川省乡村旅游精品村寨""四川集体经济十强村"等称号，如图1-3所示。

图1-3　成都战旗村乡村旅游

2. 工业旅游

工业旅游起始于20世纪50年代的法国，是在现有的名牌工业设施设备和工业企业文化

资源基础上,赋予旅游内涵的一种让旅游者乐于购买的新型旅游产品(项目)。

(四)其他旅游

划分旅游类型的方法还有很多,如按旅游距离划分,可分为远程旅游和短程旅游;按计价方式划分,可分为包价旅游和非包价旅游;按费用来源划分,可分为自费旅游、公费旅游和奖励旅游;按交通运输的方式划分,可分为航空旅游、铁路旅游、汽车旅游等;按旅游者的年龄划分,可分为儿童旅游、青年旅游、中年旅游、老年旅游等;按旅游的方式划分,可分为自由行或自助游、自驾游、驴友团、无景点游、高山徒步旅游、骑乘马匹或骆驼旅游、草原或沙漠探险、生态旅游等。

> 问题引导:如何区分旅游的类型?

旅游劳模 践行剧场

把"小乡愁"做成大旅游——杨卫东

作为石泉县陕西都得利农林牧业开发股份有限公司的董事长,杨卫东依靠勤劳的双手和过人的智慧,大力发展农林文旅产业,成功创办胜利旅游村等乡村农旅融合发展示范产业园区(基地),成为推动乡村产业振兴的践行者。

1997年,杨卫东从部队复员后,选择南下广州打工,期间干过保安、开过饭店,在外资企业做过高级管理,凭借在部队练就的特别能吃苦、特别能战斗、特别能忍耐的精神和品质,他每项工作都做得非常出色。看到南方企业遍地开花,敢闯敢干的他萌生回乡创业致富的想法。回到家乡后,杨卫东先后开办了小型砖厂、村上第一个"农家乐"、全县第一家肉鸽专业养殖基地,从一次次"摸着石头过河"的艰苦探索,到一次次总结经验教训的发展壮大,2010年3月,杨卫东成功创办陕西都得利农林牧业开发股份有限公司,主要从事生态农业观光、乡村旅游,种植、养殖产业开发与经营,农产品加工购销等产业。就这样,他成了村里"第一个吃螃蟹"的人。

在创办都得利农林牧业开发股份有限公司取得成功之后,杨卫东又敏锐地捕捉到脱贫攻坚接续乡村振兴的有利机遇,开始进军乡村旅游领域。

依托峰雄关、张飞滚鼓、杨家大院、汉王遗址等独有的历史人文旅游资源，杨卫东大胆开发家乡胜利村农旅融合项目。在多方考察调研的基础上，他提出"恋爱式"扶贫、发展旅游经济助推脱贫致富、股份制合作社、订单产业等一大批村域经济发展规划，通过流转土地1 500余亩、山林3 000余亩，建成占地面积500亩的饶峰驿站景区、200亩七彩田园、2 000平方米的生态市场等一批农旅融合项目，并配套建设素质拓展基地、游泳馆、儿童拓展乐园、鲜果采摘园等多个乡村旅游景点，形成"吃住行游购娱"全要素产业链。

自景区正式运营以来，累计接待游客65万人次，举办的首届百合花节和农民丰收节，累计接待13万名游客，500余万人通过网络直播进行观看和点赞，给全县带来3 000余万元综合旅游收益，企业和农户直接收益1 200万元以上，带动周边行业增收2 000万元以上。

旅游村的建成，不仅使胜利村22户贫困户在2020年顺利脱贫，还促使整村在全县率先脱贫，同时辐射带动了周边村镇200余人创业增收，蹚出了一条勤劳致富的乡村振兴之路。

"饮水思源、回报社会，是企业应尽的社会责任。"这是常挂在杨卫东嘴边的一句话。在创办企业不断发展壮大的过程中，他始终不忘反哺家乡。

在企业发展过程中，杨卫东积极吸纳147位村民入股，2016年至2018年兑现分红120余万元，支付村民土地流转费用150余万元，支付临时用工和固定用工工资600余万元，收购农产品70多万元，带动周边300多户800多贫困人口增收脱贫，为家乡脱贫攻坚接续乡村振兴作出了突出贡献。

在杨卫东的带领下，胜利旅游村已成为石泉县乡村旅游的一张亮丽名片，其绿色发展模式被中央电视台《新闻联播》、东方卫视、《陕西日报》等相继转发报道；先后被评为国家3A级旅游景区、全国乡村旅游重点村、全国"一村一品"示范村镇、全国生态文化村和省级旅游示范村；"恋爱式"扶贫模式被国家扶贫开发领导小组进行推广。

（资料来源：安康日报，2019-05-02. http://www.akxw.cn/news/ankang/akzh/415388.html）

第五节　旅游组织

旅游组织是指为了加强对旅游行业的引导和管理，适应旅游业的健康、稳定、迅速、持续发展而建立的具有行政管理职能或协调发展职能的专门机构。

旅游组织按职能范围划分为国际性旅游组织、国家级旅游组织和地方性旅游组织，按职能性质划分为旅游行政组织和旅游行业组织。

一、国际性旅游组织

（一）世界旅游组织

世界旅游组织（World Tourism Organization，UNWTO）是联合国组织所属的全球唯一的政府间旅游组织，是全面涉及旅游事务的国际性最高权力决策机构，推出一个"世界旅游日"的主题口号。其宗旨是推动和发展旅游与旅游业，从而促进世界经济的繁荣与国家间的相互了解，为维护世界和平作出贡献。该组织于1975年正式改用现名，总部设在西班牙马德里，每两年召开一次全体成员大会，共有158个正式会员国。我国于1983年10月5日被该组织接纳为第106个正式会员。该组织在我国设立数个观测点，分布于四川成都、广西桂林阳朔、安徽黄山、湖南张家界、新疆喀纳斯、河南（焦作云台山、洛阳龙门石窟）、云南西双版纳、江苏常熟。

世界旅游组织在全球共设6个地区委员会，即非洲、美洲、东亚与太平洋、南亚、欧洲和中东，地区委员会每年召开一次会议，主要负责协调和组织本地区的研讨会、工作项目和地区性活动。

（二）亚太旅游协会

亚太旅游协会（Pacific Asia Travel Association，PATA）成立于1951年，是一个民间性、行业性、地区性的非政府间的国际旅游组织。其成员有国家旅游组织，也有各种旅游协会和旅游企业。

亚太旅游协会的宗旨是发展、促进和便利世界其他地区的游客前来太平洋地区各国旅游，以及太平洋地区各国居民在本地区内开展国际旅游。该协会每年召开一次年会，并举办旅游交易会。

（三）国际旅游科学专家协会

国际旅游科学专家协会（International Association of Scientific Experts in Tourism，IASET）成立于1951年5月，总部设在瑞士伯尔尼，以开展旅游科学研究、支持旅游研究机构活动为宗旨。其主要工作包括收集旅游科学资料和文献、研究旅游问题、举办旅游学术会议等。该协会鼓励、支持成员间交流，致力于学术研究和推广科研应用，并出版发行《旅游评论》季刊，是一个民间性的学术团体。

（四）世界旅行社协会

世界旅行社协会（World Association of Travel Agencies，WATA）是一个国际性的旅游组织，创建于1949年。该协会由237家旅行社组成，其中半数以上为私营企业，分布在86个国家的208个城市中。其宗旨是推动旅游和旅游业的发展，并以收集和传播有关旅游信息为主要任务，每年出版一期《世界旅行协会万能钥匙》。

（五）国际旅馆协会

国际旅馆协会（International Hotel Association，IHA）是一个民间性的国际旅游组织，成立于1947年，总部设在巴黎。该协会的成员大者为各国的全国性旅馆协会，小者为与旅馆相关的其他组织，以及旅馆（饭店）企业、旅馆院校乃至个人。

该协会的宗旨是联络其会员并研讨国际旅游的旅馆供需情况，促进会员之间的交流和合作，协调旅馆与相关行业的关系等。

该协会以通过与各国政府对话的形式获得对会员的政策支持为己任，并通过收集、研讨、传播有关旅游市场信息为会员提供咨询服务，同时出版《对话》《国际旅馆和餐馆》《国际旅馆评论》等。

二、我国的旅游组织

我国的旅游组织主要分为行政、行业和学术团体3种组织类型。

（一）中国的旅游行政组织

中华人民共和国国家旅游局（China National Tourism Administration）的前身是1964年成立的中国旅行游览事业管理局（后更名为中国旅行游览事业管理总局），曾是主管旅游工作的国务院直属机构。

2018年3月，根据第十三届全国人民代表大会第一次会议批准的国务院机构改革方案，将国家旅游局的职责整合，组建中华人民共和国文化和旅游部，不再保留国家旅游局。

作为国务院主管旅游的直属机构，中华人民共和国文化和旅游部的主要职责如下。

（1）贯彻落实党的文化工作方针政策，研究拟定文化和旅游政策措施，起草文化和旅游法律法规草案。

（2）统筹规划文化事业、文化产业和旅游业发展，拟定发展规划并组织实施，推进文化和旅游融合发展，推进文化和旅游体制机制改革。

（3）管理全国性重大文化活动，指导国家重点文化设施建设，组织国家旅游整体形象推广，促进文化产业和旅游产业对外合作和国际市场推广，制定旅游市场开发战略并组织实施，指导、推进全域旅游。

（4）指导、管理文艺事业，指导艺术创作生产，扶持体现社会主义核心价值观、具有导向性代表性示范性的文艺作品，推动各门类艺术、各艺术品种发展。

（5）负责公共文化事业发展，推进国家公共文化服务体系建设和旅游公共服务建设，深入实施文化惠民工程，统筹推进基本公共文化服务标准化、均等化。

（6）指导、推进文化和旅游科技创新发展，推进文化和旅游行业信息化、标准化建设。

（7）负责非物质文化遗产保护，推动非物质文化遗产的保护、传承、普及、弘扬和振兴。

（8）统筹规划文化产业和旅游产业，组织实施文化和旅游资源普查、挖掘、保护和利用工作，促进文化产业和旅游产业发展。

（9）指导文化和旅游市场发展，对文化和旅游市场经营进行行业监管，推进文化和旅游行业信用体系建设，依法规范文化和旅游市场。

（10）指导全国文化市场综合执法，组织查处全国性、跨区域文化、文物、出版、广播电视、电影、旅游等市场的违法行为，督查督办大案要案，维护市场秩序。

（11）指导、管理文化和旅游对外及对港澳台交流、合作和宣传、推广工作，指导驻外及驻港澳台文化和旅游机构工作，代表国家签订中外文化和旅游合作协定，组织大型文化和旅游对外及对港澳台交流活动，推动中华文化走出去。

（12）管理国家文物局。

（13）完成党中央、国务院交办的其他任务。

（二）中国的旅游行业组织

1. 中国旅游协会

中国旅游协会（China Tourism Association，CTA）是由中国旅游行业的有关社团组织和企事业单位在平等自愿基础上组成的全国综合性旅游行业协会，具有独立的社团法人资格，是1986年1月30日经国务院批准正式宣布成立的第一个旅游全行业组织，1999年3月24日经民政部核准重新登记。

该协会的主要职责如下。

（1）对旅游发展战略、旅游管理体制、国内外旅游市场的发展态势等进行调研，向国家旅游行政主管部门提出意见和建议。

（2）向业务主管部门反映会员的愿望和要求，向会员宣传政府的有关政策、法律、法规并协助贯彻执行。

（3）组织会员订立行规行约并监督遵守，维护旅游市场秩序。

（4）协助业务主管部门建立旅游信息网络，搞好质量管理工作，并接受委托，开展规划咨询、职工培训，组织技术交流，举办展览、抽样调查、安全检查，以及对旅游专业协会进行业务指导。

（5）开展对外交流与合作。

（6）编辑出版有关资料、刊物，传播旅游信息和研究成果。

（7）承办业务主管部门委托的其他工作。

2. 中国旅游饭店业协会

中国旅游饭店业协会（China Tourist Hotels Association，CTHA）成立于1986年2月25日，经

中华人民共和国民政部登记注册，具有独立法人资格。该协会是中国境内的饭店和地方饭店协会、饭店管理公司、饭店用品供应厂商等相关单位，按照平等自愿的原则结成的全国性的行业协会，于1994年正式加入国际饭店与餐馆协会（IH&RA），并进入其董事会成为五位常务董事之一。中国旅游饭店业协会会员中聚集了全国饭店业中知名度高、影响力大、服务规范、信誉良好的星级饭店，国际著名饭店集团在内地管理的饭店基本上都已成为该协会会员。该协会共有会员1 600余家、理事422人、常务理事179人。

该协会的主要职责是对行业数据进行科学统计和分析；对行业发展现状和趋势做出判断和预测，引导和规范市场；组织饭店专业研讨、培训及考察；开展与海外相关协会的交流与合作；利用中国旅游饭店网和协会会刊《中国旅游饭店》向会员提供快捷资讯，为饭店提供专业咨询服务。自2009年6月起，中国旅游饭店业协会秘书处承担全国旅游星级饭店评定委员会办公室职能。

（三）中国的旅游学术组织

中国旅游文学研究会（后来的中国旅游协会旅游文学专业委员会）于1987年在安徽九华山成立，以"顺应社会发展需求，整合精英研究力量，锁定社会热点难点，建设区域学术高地，打造品牌智库平台，加速文旅产业发展，促进跨界交流合作"为宗旨。该组织重点开展旅游文化发展的理论、政策研究及其社会热点、难点问题的调查研究，并提出解决方案和意见建议；参与旅游文化规划的编制、论证、评审等工作；承担旅游文化发展项目的创意、咨询、设计和资源整合等专业技术支持工作；开展旅游文化领域的学术交流、人才培养、宣传推广等。

> 问题引导：我国旅游组织主要有哪些？

旅游劳模 践行剧场

乡村旅游发展的"答卷人"——黄彪

在毕节市百里杜鹃的大山深处，有一个美丽的彝家寨子叫海恩底。海恩底位于戛木管理区大堰村小菁组，这里道路四通八达，群山环抱，美丽富饶，依山而建的民房在绿荫中时隐时现，是一个集避暑、休闲、度假于一体的"天然大氧吧"。

"在2010年之前，这里还是一个比较封闭落后的小村寨，只有一条坑坑洼洼的小路，并且到寨子中央就到头了，运输大部分靠的就是人背、马驮，出行都困难，更不要谈其他发展了。"夏木管理区工作人员孟丽娟回忆道，"穷人的孩子早当家"，在这个落后的环境中长大的村民黄彪，如今已成为为家乡就业创收出谋划策的"带头人"。

黄彪，1979年出生，在外务工多年后，2016年他回到家乡，以发展农业和乡村旅游为目标，2016年牵头在小菁组成立百里杜鹃海恩底圆梦种植农民专业合作社。他知道，囿于现状是不会有未来的，怀着一颗带领群众致富的拳拳之心，他开始了自己的创业路，充分利用家乡丰富的旅游资源，选择合适的产业，带领群众发展乡村旅游，树立了脱贫带富榜样。

合作社成立之初，黄彪主动挑起重担。他知道，发展乡村旅游是一个大工程，所以他一直以积极向上的态度和坚持不懈的努力探索乡村旅游发展道路。提及黄彪，合作社副理事黄河赞不绝口："我们这个合作社真的是全靠黄彪带动，他很果断，也很无私。就说去年吧，那时因为资金短缺，火把节灯光就没安排上，他知道后二话没说，自掏腰包就去把灯买来了。"

黄彪待员工总是严格与宽容相结合，合作社社员陈廷科评价说："在工作方面，他要求很严格，他总说'顾客第一'，不允许有一丝懈怠。但我们遇到不懂或不会做的事，他也会亲力亲为，耐心讲解，带着我们一起做。"

通过不断学习，黄彪从"休闲农业、旅游开发、文化先行、宣传出击"等方面着手合作社发展，深入挖掘，开发地方民族文化资源及休闲观光农业，着力建设高品位、高品质、高标准、高效益的特色休闲农业。随着当地群众的加入，合作社力量逐渐壮大，社员从最初的42人发展到如今的191人。为打造乡村旅游升级版，在夏木管理区的帮助下，黄彪积极争取项目资金，按照黔西北民居风格，结合本地特色，对全组52户民居进行改造，开展环境整治和产业升级，并在小菁组建起了文化墙、活动广场、烧烤场、钓鱼池、游泳池等文娱设施，吸引了不少游客前来避暑、休闲。

海恩底圆梦合作社共惠及农户60户231人，现有产业杨梅150亩、猕猴桃70余亩、辣椒100余亩、草莓大棚5个，给小菁群众带来了很多就业机会。在黄彪的带动下，目前小菁组共有农家乐3家、农家旅馆4户。由于在脱贫攻坚期间充分发挥积极带动作用，2019年，他获得"毕节市劳动模范"荣誉称号。面对荣誉，黄彪说："我做的事很平凡，感谢党和政府的肯定和鼓励，我会不断鞭策自己。"谈及未来，他信心满满，"我会再接再厉，带领我们这里的老百姓把乡村旅游做大做强，吸纳更多老百姓参与进来，让大家都能享受乡村旅游发展带来的红利。"

（资料来源：多彩贵州网，2020-05-06. http://bj.gog.cn/system/2020/05/06/017602252.shtml）

归纳总结

章节名称：		日期：
专业：	班级：	姓名：

索引区域	笔记区域
请对本章节所学内容进行要点提炼。	记录本章节中的重点、难点和中心思想，对未掌握部分进行梳理。

总结区域

请对本章节所学内容进行归纳总结。

 旅游概论

课后测试

课程名称	旅游概论	专业	
学习任务	第一章　初识旅游	班级	
学习内容	1.旅游的产生 2.旅游的概念 3.旅游的本质属性 4.旅游的特征和类型 5.旅游组织	姓名	

码上刷题

1. 为什么说旅游孕育于旅行之中又脱胎于旅行之外？

2. 什么是旅游？旅游与游览、旅行有什么区别与联系？

3. 旅游是非功利性的，为何又有"商务旅游""会议旅游"等称呼？其根据是什么？

4. 按区域和目的划分，旅游可分为哪些类型？

第二章 旅游简史

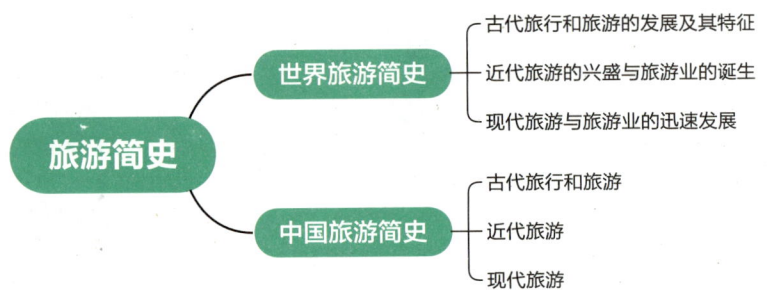

📖 **学习指南**

◎ **知识目标**：了解人类旅行和旅游活动的发展情况；认识人类旅行和旅游活动是社会经济发展的产物，并随着社会经济的发展而发展这一最基本的旅游活动发展规律；掌握旅游发展历史的演变过程及各个阶段的特征；熟悉现代中国以及世界旅游的发展情况。

◎ **能力目标**：培养运用旅游活动发展基本规律分析旅游现象的能力；掌握区分旅游与迁徙、旅游与旅行的技巧。

◎ **德育目标**：树立旅游的人文观念。

第一节　世界旅游简史

世界旅游历史的发展，大体分为古代旅行游览（1841年以前）、近代旅游（1841年至第二次世界大战）和现代旅游（第二次世界大战以后）3个时期。

一、古代旅行和旅游的发展及其特征

（一）奴隶社会时期

旅游是社会生产力发展到一定阶段的产物。因此，人类的旅行和旅游活动首先在埃及、巴比伦、印度、中国、古希腊和古罗马等最早进入文明时代的国家中兴起。

1.古罗马时代是世界古代旅行的全盛时期

之所以说古罗马时代是世界古代旅行的全盛时期，其原因有以下两点。

（1）古罗马帝国疆域辽阔。以罗马为中心，最大时北到欧洲中部莱茵河、多瑙河一带，西到大西洋不列颠、西班牙，南据北部非洲，东达西亚两河流域，地跨欧、亚、非三洲，地中海成为古罗马帝国的内湖。"条条大道通罗马"就是其真实写照。

 旅游在线

罗马斗兽场

罗马斗兽场（图2-1），原名弗拉维圆形剧场，又译为罗马角斗场、科洛西姆竞技场，是古罗马帝国专供奴隶主、贵族和自由民观看斗兽或奴隶角斗的地方。

图2-1　罗马斗兽场

罗马斗兽场建于72—80年，是古罗马文明的象征。其遗址位于意大利首都罗马市中心，在威尼斯广场的南面，古罗马市场附近。

从外观上看，它呈正圆形；俯瞰时，它是椭圆形的。其占地面积约2万平方米，长轴长约188米，短轴长约156米，圆周长约527米，围墙高约57米，这座庞大的建筑可以容纳近9万名观众。

1980年，罗马斗兽场作为罗马历史中心的一部分，被联合国教科文组织世界遗产委员会作为文化遗产列入《世界遗产名录》。

（2）古罗马帝国资源吸引力大。作为其典型代表的"古代世界七大奇迹"（埃及胡夫金字塔、巴比伦空中花园、亚历山大灯塔、罗德岛太阳神巨像、奥林匹亚宙斯巨像、阿尔忒弥斯神庙、摩索拉斯基陵墓），对人们有巨大的吸引力。

2. 古希腊时代是世界古代宗教旅行的鼎盛时期

古希腊的提洛岛、特尔斐和奥林匹斯山是当时世界著名的宗教圣地。在建有宙斯神庙的奥林匹亚，奥林匹亚节是最负盛名的盛典，宙斯神大祭之日，前来参加者络绎不绝。

节庆期间，举行赛马、赛车、赛跑、角斗等体育活动，这种活动一直延续至今，发展成了现代的奥林匹克运动会。当时的奥林匹亚庆典纯属一种宗教活动，却促进了周围剧院的建立和宗教旅行的发展。后来，宗教旅行逐渐遍及全球，成为一种世界性的旅行活动。

3. 波斯帝国是较早兴起商务旅行的国家

波斯帝国地跨亚、非、欧三大洲，公元前6世纪中叶，波斯帝国兴建了两条"御道"，这两条道路的修建对商业旅行的兴起和发展，起到了巨大的推动作用。其中一条，起自巴比伦城，穿越伊朗高原，直达印度边境，成为以后"丝绸之路"西段的基础，为东西方文化、贸易交往奠定了基础。

（二）封建社会时期

1. 阿拉伯帝国时期

7世纪初，穆罕默德创立伊斯兰教后，建立了阿拉伯国家。8世纪中期，地跨亚、非、欧三洲的阿拉伯帝国形成（于1258年被蒙古人所灭）。辽阔的地域、特殊的地理位置（欧亚之间）以及宗教原因（伊斯兰教规定，每个穆斯林一生必须到其宗教圣地麦加朝圣一次），促进了其旅行活动的发展。

2. 中世纪时期

13世纪，城市开始复兴，外交、贸易旅行发展起来，中产阶级迅速成长，意大利著名旅行家马可·波罗（图2-2）就是其中的典型代表。为经商来到中国的他，是第一个完整走过丝绸之路全部行程的人。

3.15世纪

西方产业革命兴起引起了对外扩张和对黄金的需求。《马可·波罗游记》盛赞东方的富庶，驱使欧洲的商人、航海家、封建主从事海洋远航。这一时期的航海旅行兼有探险、考察旅行的性质。该时期的代表人物有哥伦布（图2-3）、麦哲伦、达尔文。

图2-2　马可·波罗

图2-3　哥伦布

4.大旅游时代

18世纪中叶，世界上第一次出现了真正自觉的、有特定目的的自然观光旅游。一些大文豪、画家、音乐家酷爱大自然，用文学作品、画卷和音乐鼓励人们到大自然中去，为自己的创作寻觅源泉。

综上所述，古代社会旅游活动的特点主要有两点：

（1）古代的旅行、旅游动机更多地与物质、功利、宗教以及政治目的相联系，因而古代旅行、旅游往往与通商贸易、宗教旅行以及奴隶主、封建帝王的巡游活动相结合。

（2）以欧洲人为代表的探险、考察旅行相对发达，但具有物质占有和殖民文化倾向。

二、近代旅游的兴盛与旅游业的诞生

近代旅游业开始于19世纪中期，工业革命促成旅游近代化，使旅游向大众化旅游转化。旅行活动的发展在很多方面具有如今旅游的特点。旅游（tourism）和旅游者（tourist）在英文中出现。

（一）工业革命对近代旅游影响的四大刺激因素

旅游业的问世，主要得益于工业革命的成果。

1.技术因素

蒸汽技术在交通工具运输中应用，出现蒸汽动力的轮船、火车（图2-4）等新式交通工具，使大规模的人群流动成为可能。

（a）蒸汽动力轮船

（b）蒸汽动力火车

图2-4　蒸汽动力的轮船和火车

2. 经济因素

资产阶级的出现，扩大了外出旅游的队伍——资本家和劳动者。

3. 社会因素

社会因素是刺激人们外出旅游的"推""拉"因素。工业革命加速城市化的进程，导致居民产生返回大自然的需要。在商业利益的驱动下，旅游业迅速发展，拉动人们去旅游。

4. 价值因素

价值观念是人们旅游需要的产生和旅游动机的确立的核心因素。工业革命的成功不但给社会带来了物质财富，而且使人们的价值观念发生变化。在生存条件得到保障、无虑于温饱的前提下，人们产生享受、欣赏、娱乐乃至进一步发展自己的各种需要。因此，诸如社交活动、跨文化交流和不同价值观的沟通等社会活动就被作为增长见闻、丰富知识以及得到社会认同和尊重的有效途径而受到人们的重视。于是，具有综合功能的旅游活动对人们就越来越具有吸引力。

（二）托马斯·库克的活动与近代旅游业的产生

托马斯·库克是近代旅游业的先驱者，被称为"近代旅游业之父"。

> **旅游在线**
>
> ### 托马斯·库克
>
> 英国人托马斯·库克（图2-5）于1841年包租了一辆列车，组织500多人参加一次禁酒大会，往返车费每人1先令。这是世界上第一次团体包价旅游，同时也标志着世界旅游业由古代旅游阶段进入近代旅游阶段。1845年，他正式创办了世界上第一个为公众旅游服务的旅行社，从而开创了旅游活动产业化的道路。同年，他组织了第一次消遣性的观光旅游团（莱斯特至利物浦），参加的旅游者有300多人。托马斯·库克本人对这次旅游进行了周密的

计划，并事先亲自考察旅游路线，确定沿途的游览点，与各地客栈老板商定游客的吃住等事宜。回来后，他整理出版了《利物浦之行手册》，发给旅游者，成为早期的旅游指南。次年，他又组织了300多人到苏格兰集体旅游，并配有向导（相当于后来的导游）。旅游团所到之处，受到热烈欢迎。从此，托马斯·库克与他的旅行社的名字蜚声于英伦三岛。1851年，他组织了10多个人参观在伦敦举行的第一次世界博览会。

图2-5　托马斯·库克

1.组织世界第一次团体包价旅游

1841年，托马斯·库克组织570人参加禁酒大会。

特点分析如下：

（1）公众性（历史上以个人为单位）。

（2）组织方式同现代旅行社组织的旅游团的情况基本相似（发起、筹备并陪同照顾）。

（3）规模较大。

这次活动还不能作为旅行社产生的标志，因为其根本目的是参加禁酒大会，不是单纯的消遣旅游；托马斯·库克组织这次活动也不是出于商业目的（只售出1先令的来回车票）。该活动只是为以后正式创办旅行社打下了基础。

2.开办世界上第一家旅行社

1845年，托马斯·库克在英国的莱斯特开办了世界上第一家旅行社——托马斯·库克旅行社（现今的通济隆旅行社）。1865年，该旅行社组织了莱斯特—利物浦消遣性的观光旅游。

特点分析如下。

（1）性质：商业活动。

（2）目的：观光消遣。

（3）时间：长达1周。

（4）工作方式：全陪、地陪，开创了旅游业务开展的基本模式。

3. 参观第二届世界博览会

1855年，托马斯·库克组织了从英国莱斯特前往法国巴黎参观第二届世界博览会的团体旅游活动。该活动是世界上组织出国包价旅游的开端。

特点分析如下。

（1）时间：4天。

（2）费用：采用一次性包价，包括住宿费和往返交通费共36先令。

4. 成立托马斯·库克父子公司

1864年，托马斯·库克父子公司正式成立，全面开展旅游业务。

5. 组织世界上第一次环球旅游

1872年，托马斯·库克组织了世界上第一次环球旅游，共9人，历时222天。

6. 形成旅游代理业的三大公司

到20世纪初，世界上已经形成旅行代理业的三大公司，即英国托马斯·库克旅游公司、美国运通公司、比利时铁路卧车公司。

> 问题引导：为什么人们将托马斯·库克称为旅游业的先驱者？

三、现代旅游与旅游业的迅速发展

现代旅游是指第二次世界大战以后的旅游。旅游作为大众性的活动普遍开展起来，其决定因素有两个：一个是相对持续的和平大环境，另一个是现代科学技术革命的成功。前者是后者的先决保证条件，后者是现代旅游迅速发展的根本原因。

第二次世界大战后的世界旅游之所以能迅速发展，其根本原因是科学进步，现代技术革命提高了社会生产力水平，主要体现在以下几个方面：

第一，社会生产力水平的提高，为现代旅游和旅游业的发展提供了客观需求。

第二，社会生产力水平的提高，为现代旅游的迅速发展提供了物质条件。

第三，科学技术的发展，提高了旅游宣传效益和旅游组织工作效率，使现代化的旅游得以顺利开展。

> **问题引导**：现代旅游为旅游业发展奠定了哪些基础？
>
> _____
>
> _____
>
> _____
>
> _____

🍀 旅游劳模 践行剧场

一片"丹"心，真情服务暖宾客——王小丹

上午10点半，早餐时间刚刚结束，王小丹马上回到办公室，整理早餐时间段的工作小结。

11点整，王小丹又准时出现在酒店中餐厅，检查餐具摆放、卫生清理等工作。她有条不紊地做好每一项工作，生怕有一丝纰漏。11点刚过，陆续有客人前来中餐厅就餐，王小丹此时身兼数职，一边根据客人的数量安排就餐位置，一边帮他们点菜。"你们5个人，6个菜足够，不够的话再点，以免吃不完浪费。"王小丹告诉记者，目前为了鼓励来店客人理性节约，酒店创新服务模式，在餐桌上放置公筷公勺，提倡分餐制；积极推行"位餐"餐制，服务员根据用餐人数合理建议点餐数量，并建议客人将未用完的餐打包带走。

一直忙碌到下午2点多，客人陆续吃完饭离开，王小丹和同事又忙着收桌清理和打扫卫生，等到忙完所有的活，已经是下午3点左右。王小丹疲惫地回到办公室，坐在椅子上一口气喝了一大杯水，简单吃了几口午饭。"有点累，但是只要客人满意开心，我们的付出就值得。"

时间来到下午5点30分，王小丹和同事开始准备晚上的节日自助餐。晚上6点左右，随着客人陆续进店用餐，大家开始忙着接电话、接待客人、点菜、传菜、收桌子。晚上9点多，客人陆续用完餐后，王小丹和同事又忙着打扫卫生……

"她吃苦耐劳，深得同事的喜欢，是我们公认的劳模。"酒店同事吴鹏说。

中秋佳节，一家人团圆相聚是每个人的心愿。在谈及家人时，王小丹反复提到"愧疚"二字。她说平日里与家人相处的时间并不多，节庆期间又是她们最忙的时候，在旅游淡季才有时间陪陪家人。这种遗憾，只有客人的赞许可以稍许冲淡一些，"得到客人的称赞，我们会很有荣誉感。"王小丹说。她来自单亲家庭，目前只有母亲一人独自在老家临高居住，对母亲的所有思念和牵挂只能深深埋藏在她心底。

在从事酒店服务行业的10多年时间里，王小丹一刻也没有松懈，她始终以最佳的状态去服务顾客，先后荣获"三亚巾帼标兵""三亚最美旅游人""海南省劳动模范"等荣誉称号。

2020年，王小丹被评为"全国劳动模范"。

"荣誉属于过去，我要继续努力，用工匠精神激励自己，为客人更好地服务，做他们的贴心人。"王小丹说。

（资料来源：三亚日报，2020-11-26. http://epaper.sanyarb.com.cn/html/2020-11-26/content_12247_3650335.htm）

第二节　中国旅游简史

一、古代旅行和旅游

中国是世界四大文明古国之一，也是旅游活动产生最早的国家之一，《诗经》《山海经》《史记》都有关于我国先民旅行、旅游活动的记载。古代旅行和旅游历史发展分为两个时期：神话传说时期和信史时期。

（一）神话传说时期

传说中的中华民族始祖黄帝（图2-6）是一个性好远游、足迹遍天下的古代帝王。他"披山通道，未尝宁居""迁徙往来无常处"的旅行活动的传说在《史记·五帝本纪》中早有记载。

尽管神话传说不能完全据为信史，古代先民为了谋取生活资料或者因其他原因的迁徙与旅行和现代意义的旅游也有本质区别，但揭开了中华民族旅游历史的扉页。

（二）信史时代

在长达四五千年的历史中，由于各个阶段政治、经济、文化等情况的变化，旅游活动的内容和形式也有很大的差别。依其特征，信史时代一般可分为以下几个阶段。

图2-6　"华夏之祖"轩辕黄帝

1. 先秦时期的旅行和旅游

此阶段是从传说的尧、舜、禹原始公社到封建社会秦朝的建立，其中包括整个奴隶制社会——夏商、西周、东周、春秋战国等。

（1）旅游交通条件：开拓交通路线是旅游发展的基本前提之一。我国先秦时代首先要考虑的是解决各疆域之间的闭塞性，研制各种交通工具，为天子巡行、商务旅行和外交游说准备条件。据目前考古发现，我国在母系氏族公社就已发明了船桨（浙江余姚河姆渡遗址出土的船桨就是证据）。公元前2033—1066年的夏商，已经有了车，当时车的种类很多，如搞运货的牛车、乘坐的马车、作战的戎车、狩猎的田车。在西周时，已有水路，分为沟、洫、浍、川。陆路有遂、径、畛、涂。道路修得不仅平坦，而且植有行道树，还建立了维修制度。邮递主要靠驿站。西周和春秋战国时，在大路上每隔一定距离置邮、传舍与馆舍，以供游客住宿。

（2）旅游类型：巡狩、游畋、观光、游娱、托志、泻忧等。

①天子和诸侯巡游、巡狩：君主到其统治的地区巡视和游玩，具有政治和享乐相结合的性质。西周的周穆王是我国最早有记载的帝王旅行家。《左传》云："昔穆王欲肆其心，周行天下，将皆必有车辙马迹。"晋代从战国魏王墓中发现的先秦古书《汲冢书》之一的《穆天子传》，前五卷以神话传奇的色彩，描绘了他驾八骏出游西域的路线和故事。传说他在天山的瑶池（今天池）和西王母见面宴乐。有人认为他到过波斯（今伊朗）。总之，周穆王是个酷爱旅游的人，他走遍了西北、华北等许多地区，甚至造成"西巡狩，乐而忘归。徐偃王作乱"（《史记·秦本纪》）。

除了周穆王游巡外，再早还有颛顼、虞舜、夏禹的巡狩和传说。颛顼所至，东达海岛，西至陇西，南抵交州，北至幽州；虞舜侧重于柴祭山川，故足迹遍及五岳名山；夏禹治水居外十三载，"疏三江五湖，清之东海"，勘山水地理，走遍了大半个中国。

②商务旅行：在先秦时期尤为活跃。商人以经商为目的，负货贩运，周游天下。

③外交游说：春秋战国，诸侯割据，各国之间出现频繁的外交游说活动。当时的"士"，朝秦暮楚，纵横捭阖，到列国游说，宣扬自己的政治见解，期望得以重用。例如，周游列国的孙子；在外辗转14年，率领弟子"后车数十乘、从者数百人"的孟子；"连横""合纵"游说诸侯的苏秦、张仪、公孙衍等。

④平民百姓的观光：我国保存最早的诗歌经典《诗经》，曾颂扬了殷商西周时代的民间出游活动。其中说："泛彼柏舟，亦泛其流。耿耿不寐，如有隐忧。微我无酒，以敖以游。"可见，远在先秦时期，民间已出现观光活动，其内容包括观乐、观社、观腊、观祭祀等。

⑤狩猎活动：古称"游畋"。"畋"亦可写作"田"，意思是打猎、游猎。如《诗经》中写的畋猎篇"车攻""吉日"等就是畋猎的代表。

2.秦汉时期的旅游

秦始皇建立统一的中央集权封建国家后，随着政局的巩固、经济的发展、交通的开拓，旅游活动相比先秦时代越来越频繁。特别是秦始皇修"驰道"和"直道"，统一全国车轨等措施，给帝王、学者、商人出游提供了方便的条件。该时期的主要旅游类型有以下几种。

（1）帝王外出巡游：据史书记载，秦始皇曾率文武百官五次出巡，周游全国，南至洞庭，北到碣石，东到芝罘、蓬莱，最后在第五次巡游中死去。汉武帝也曾游历碣石、泰山等名山大川。

（2）学者墨士外出考察：以西汉历史学家、文学家司马迁的游历最著名。司马迁从青年时期起就开始漫游大江南北。《史记·太史公自序》中谈道，他"南游江淮，上会稽、探禹穴（禹葬会稽山），窥九嶷（舜南巡死处），浮于沅、湘。北涉汶、泗，讲业齐、鲁之都，观孔子之遗风……"司马迁做郎中官后，又因公事，到西南、洛阳、辽西等地旅游，足迹遍布当时西汉版图疆域。他"纵观山川形势，考察风光，访问古迹，采集传说"，撰成名垂后世的不朽巨著《史记》，其中《货殖列传》含有丰富的旅游地理内容。

（3）"丝绸之路"的开辟，为中外旅游开辟了有利条件。汉武帝为联络西域的大月氏共击匈奴，派张骞出使西域。公元前139年，张骞率领100多人从陇西出发，历经艰险，历13年才返抵长安。这次出使西域，他先后考察了大宛、康居、月氏、大夏、昆仑山、祁连山等地情况。公元前119年，张骞再次率众300余人，出使西域，最远到达安息（伊朗）、身毒（印度）等地。他的两次西行，了解到许多西域的山川、地理和风土民情，打开了长安通往西域（中亚、西亚）的道路，使中国的丝绸、陶瓷等手工产品运往西方，西方的土特产运往中国。这就是历史上著名的"丝绸之路"。以后一直到十三、十四世纪，它一直是连接中国和印度、两河流域、埃及、古希腊和古罗马的桥梁，对东西方经济、文化的交流起了重要的作用。

（4）海上旅行：秦汉时期，海上交通已相当发达。我国沿海经商贸易旅行已很频繁，与日本、朝鲜、越南、印度的海上往来也越来越多。如东汉末期，东吴派康泰和朱应从海路出使南洋诸国，康泰撰写《扶南传》，记载了南洋一带风物。当时的楼船队，英姿飒爽地航行于印度洋，南洋国家无不对它称赞不绝。

3.中世纪时代的旅游

魏、晋、南北朝、隋、唐、宋、元是我国历史上大分裂、民族大融合的时期。一千多年中，既有封建社会鼎盛的阶段（如隋唐），又有科学技术硕果累累的时代（如宋代三大发明）。经济、文化的发展，推动了各种形式的旅游和旅游业，如旅馆业在唐宋时期就已相当发达。唐代诗人杜牧在《旅宿》中写的"旅馆无良伴，凝情自悄然"，王维著的《渭城曲》描写的"渭城朝雨浥轻尘，客舍青青柳色新"等诗句，就是这种旅馆业经营的明证。

宋代不仅有私营旅馆，而且出现了地方官吏兴办的旅游业。如宋仁宗皇祐二年，杭州太守范仲淹为赈济灾民，利用那里湖山景色、古庙名寺之长，命各庙主事修葺庙宇，并在太湖举办划船比赛，号召各方官民出游，收入一大笔钱，救济灾民。这是地地道道的旅游业雏形，比19世纪40年代的英国旅游业要早700多年。

我国中世纪旅游活动的类型主要有以下几种。

（1）士人漫游：文人墨士以消遣排忧为目的的旅游。魏、晋、南北朝时，由于社会政局动荡不定，统治者荒淫糜烂，引起一些士大夫对现实的不满和失望。某些士大夫消极厌世，把注意力转向自然，寄情于山水。例如，魏、晋间的嵇康、阮籍等人，悠游于竹林之中，写出了大量山水诗；

东晋、南朝间的陶渊明,南朝的谢灵运等,都是寄情于山水的著名诗人。到了唐、宋时代,这种漫游旅行就更为兴盛。例如,李白、杜甫、柳宗元、苏东坡、欧阳修、陆游等,都是漫游类型的著名诗人。李白从20岁起,就"辞亲远游",行吟南北,对各地的山水名胜无不亲临登眺,开拓了其思想和创作源泉。又如柳宗元的《小石潭记》、欧阳修的《醉翁亭记》等名篇游记,也都是在漫游中触景生情写成的。这些名作,或抒情、或状景、或托物、或言志、或哀民、或气愤,像万里长河中绚丽多姿的浪花、气象万千的波涛,沁人心脾,在反复咏诵之中使人如同神游中华山河。

旅游在线

士人漫游是为了创作

唐人的漫游,为的是游览天下名山大川、名胜古迹、历史遗迹,感受那里的风土人情。祖国的山河大地、历史遗迹、风土人情,在唐代的漫游诗中得以写照,成就了唐人的性情、灵气、诗才,也成就了唐诗。杜甫创造了一个新词——"壮游",李白亦自称"五岳寻仙不辞远,一生好入名山游",这些诗句都是从亲身经验中体悟出来的,包含了真情实感,使漫游诗占唐诗的一半以上。

李白写黄河:"黄河如丝天际来"(《西岳云台歌送丹丘子》),黄河是多么的飘逸!"黄河落天走东海,万里写入胸怀间"(《赠裴十四》);"黄河西来决昆仑,咆哮万里触龙门"(《公无渡河》);"君不见黄河之水天上来,奔流到海不复回"(《将进酒》),黄河又是多么的气势磅礴!王湾写长江:"海日生残夜,江春入旧年"(《次北固山下》),写出了长江浩瀚雍容的气度。杜甫写长江:"无边落木萧萧下,不尽长江滚滚来"(《登高》),写出了长江汹涌澎湃的气势。杜甫写泰山:"岱宗夫如何,齐鲁青未了"(《望岳》),一脉青绿的山色,绵延齐、鲁两古国大地而未尽,多么神韵骀荡,又是多么气势磅礴!王维写终南山说:"太乙近天都,连山到海隅。白云回望合,青霭入看无"(《终南山》),写出了终南山的高远和游山的趣味。李白写秦岭蜀道说:"噫吁嚱,危乎高哉!蜀道之难,难于上青天"(《蜀道难》),写出了蜀道的艰险、高危和磅礴。杜甫写洞庭湖:"吴楚东南坼,乾坤日夜浮"(《登岳阳楼》),写出了洞庭湖那浩浩荡荡、横无涯际的宏伟气魄。王之涣写边塞:"黄河远上白云间,一片孤城万仞山。羌笛何须怨杨柳,春风不度玉门关"(《凉州词二首·其一》),诗人笔下的玉门关,何等雄伟,又何等温柔、苍凉!王维写边塞:"大漠孤烟直,长河落日圆"(《使至塞上》),诗人笔下的大漠、长河,在落日的照耀下,是何等气派又是何等安详!岑参写边塞:"北风卷地白草折,胡天八月即飞雪。忽如一夜春风来,千树万树梨花开"(《白雪歌送武判官归京》),诗人笔下西域的八月雪,是多么奇特,又是多么美丽!

（2）宗教旅游：诗人以朝觐、求法为目的进行的旅游活动。西汉末年，佛教初传入中国，至南北朝和隋唐，它已进入鼎盛时期。如北魏时，洛阳已有大小寺庙1 367所，还开辟了石窟寺多处，这一时期著名的僧人云游家有法显、玄奘、义净和鉴真等。

法显是我国顺利到达目的地且回来的极少数人之一。公元399年，他从长安出发，经河西走廊、新疆、渡流沙、越葱岭，经过千辛万苦，到达天竺（印度）。他在印度留学15年后，取海路返国，途经狮子国（今斯里兰卡）、爪哇等国。法显把旅途见闻写成《佛国记》。这部旅行记无疑是世界上最古老的一部空前艰险的万里远游游记。全书一万言，内容充实，生动亲切。

玄奘是我国唐代最著名的僧人旅行家。他以坚韧的毅力，穿越大沙漠，翻越高山，到达中亚南部和阿富汗北部地区，而后到达天竺。他在印度学习讲经17年，回国后译出经论600余部1 335卷。唐太宗出于政治上的需要，热烈迎归，并在西安建大雁塔收藏其带回的经籍和佛像等。玄奘写成了《大唐西域记》；襄助译经的慧立，除了译记西游路程和见闻外，还追记玄奘西游前后身世，写成《大慈恩寺三藏法师传》。这一"记"一"传"，详细记述了玄奘经历110国和传闻的28国地理、交通、城邑、关防、气候、物产、风俗、文化等情况。

义净也是唐代僧人，他是从海路去印度求法的，著有《南海寄归内法传》和《大唐西域求法高僧传》。

鉴真是扬州人。唐玄宗天宝元年（公元742年），应日僧的邀请，五次东渡，均遭挫折，鉴真也双目失明，第六次才成功到达日本。他把佛教的律宗带到日本，后在奈良建筑了唐招提寺。

（3）国际旅游：中世纪以政治和文化交流为目的的出国考察和商业旅行也多了起来，代表人物有唐代的杜环、元代航海家汪大渊等。另外，盛唐时外国来华的使者、商人、学者、僧侣也络绎不绝，如唐代有19个日本使团来华学习，阿拉伯商人来中国经商的人更多。

4.明清时期的旅游

明清是我国封建社会发展的最后两个朝代，全国政治、经济、文化的发展，为国际、国内旅游提供了全面的基础。这个时期，我国旅游活动的类型主要有以下两种。

（1）航海旅行和旅游：以明朝郑和"七下西洋"的海上旅行最著名。郑和为云南人（回族），10岁当了燕王朱棣的太监，深受其赏识，赐名郑和，如图2-7所示。其小名为三保，又被称为"三宝太监"。他于1405—1433年率领62艘大船、27 000余人，7次远洋出航，涉海10万里，遍历亚非30余个国家和地区，成为我国历史上涉程最远、历时最长的航海家，也是世界著名的航海大师，比欧洲3位航海家要早数百年，对中国和南洋、西亚、北非之间的

图2-7　郑和

经济、文化交流作出了伟大贡献。郑和海上航行，留下的旅行记有随从马欢著的《瀛海胜览》、费信著的《星槎胜览》、巩珍著的《西洋蕃国志》和郑和航海图等。

（2）活跃的国内旅游：最突出的科学考察代表人物是明代大医学家李时珍（图2-8），他为编写《本草纲目》，到各地采访调查、搜集标本，把握第一手材料。明代大旅行家徐霞客从22岁起，先后在外考察30多年，遍游名山大川。北到天津蓟州区盘山、山西五台山、恒山，南到广东罗浮山，东到海滨，西到云南大理鸡足山、腾冲。所到之地，"不避风雨，不惮虎狼，不计里程"，他以难以想象的毅力，考察了16个省区的山水，几次绝粮，险遭丧生。晚上他在灯下坚持写作旅游日记，并纠正了过去对长江源头的错误说法，尤其是对岩溶地貌的考察研究，至今仍有很大的科学价值。他写的《徐霞客游记》共20卷，被誉为古今游记第一杰作，后人称其为"世间真文字、大文字、奇文字"。

图2-8　李时珍

此外，顾炎武的旅行考察也很有名。他是明清间的学者，在学术考察中遍游华北，十谒明陵，又周游西北达20年，有胜地必访，有名士必交，写成了《天下郡国利病书》和《肇域志》两部地理著作，如图2-9所示。

（a）《天下郡国利病书》

（b）《肇域志》

图2-9　《天下郡国利病书》和《肇域志》

纵观我国古代旅行和旅游，可以看出5个特点：①古代旅游多属少数人的个人活动。游者主要有帝王、贵族、官僚、地主及其附庸士大夫阶层。平民百姓仅在佳庆节日到近地出游，如踏青、赶庙会等。②国内旅行家多以学术考察旅行为主，是在古代"读万卷书，行万里路"的思想影响下进行的。③古代旅游活动与当时的社会政治、经济、文化的发展密切相关。当社会处于安定、强盛的时候，旅游活动就特别活跃；反之，便一蹶不振。因此，不同的历史时期，旅游具有不同的时代内容和特点。④国际旅游以政治交往（如互派使者）、宗教求法和经商贸易等形式为主。游程比较艰险，历时比较长。游历的成果多以"游记""见闻"等题材出现。⑤旅游基本上停留在旅行的阶段，与以获得经济收入为目的的旅游业有本质的不同。但是某些私立旅馆业和观光业，已具有初级旅游业的雏形性质。

> 问题引导：读万卷书，行万里路，哪个更重要呢？
>
> _____
> _____
> _____
> _____

二、近代旅游

中国近代旅游是指1840年鸦片战争后到中华人民共和国成立100年间的旅游。鸦片战争后，帝国主义用坚船利炮打开了中国几千年的封建国门，中国社会开始了深刻的变革时代，西方的商人、传教士、学者和一些冒险家纷纷来探寻这个东方古老文明的发源地。与此同时，中国人也开始走出国门，国民出国旅行的人数大大增加。第一次有了公派留学生、驻外使节，组织了出国考察团，中国出国经商人数也增加了。19世纪70年代，洋务运动时期，清政府为了培养人才，先后派了许多留学生到欧美国家学习西方先进的科学技术，出现了公派"留学热潮"。

英国通济隆、美国运通旅游公司也于20世纪初先后来中国建立旅游经营机构，为来华的外国人和中国出境人员办理各种旅行手续。

虽然旅行和旅游在中国自古有之，但作为经济事业的旅游业在中国直到20世纪20年代才出现。1923年，在上海商业储备银行担任经理的陈光甫为适应旅行游览的发展需要，在该银行中附设了旅行部，其业务范围是代办国内外火车票、轮船票，并在苏州、杭州银行分行设立旅行部柜台，因为能满足一些人的旅行需要，所以业务有一定的发展。1927年7月，他将附设在自家银行内的旅行部独立出来，正式成立了中国旅行社，这是中国第一家旅行社。中国旅行社的成立标志着中国近代旅游业的形成，如图2-10所示。

图2-10　中国旅行社和陈光甫

中国旅行社以扩大服务范围为宗旨，以提倡中国旅游事业为己任。中国旅行社的经营纲要四原则是"发扬国光、服务行旅、阐扬名胜、改进食宿"。由于旅行部成立以前，中国人出国要托外国在华的旅行机关办理相关手续，对国人多有不便。外国来中国旅行的旅游者也由外国的旅行代理商来接待，而外国商人对中国并不熟悉，不能正确地引导和介绍，以致外国旅游者对中国的名胜古迹、历史、风尚、物产、文化艺术不能有适当的接触，并产生了很多误会，影响了中国旅游事业的发展，因此中国旅行社首先提出要"发扬国光"，要发扬国家声誉。"阐扬名胜"是希望通过旅行社的组织，使游客的观赏更加有意义，使中国名胜得以名扬天下。

一直努力经营的中国旅行社，适应了当时中国游客增多的需要，同时也满足了出国者的需求，得到了很大的发展。其业务由最初的代办车船票，扩展到代运行李、接送旅客、组织个人和团体的旅游活动，还办理留学生的出国手续、设立避暑区服务站、组织短程的团体游览、组织境外旅游等。为了扩大经营范围，中国旅行社在全国15个城市设立分社和支社，甚至把业务扩展到海外，先后在纽约、伦敦、河内设立"中国旅行分社"，承办外国人来华旅游事宜。

中国旅行社成立后，把国内、国际旅游事业的管理纳入有组织、有领导的企业经营范畴，成为一种新兴的企业，并能"有补于国民经济"。

中华人民共和国成立前，由于经济落后，人民生活水平低，社会各种基础设施条件差，中国的近代旅游发展是十分缓慢的，单纯的旅行游览活动只能是少数人的事，旅游活动还未能普及。所以中国近代旅游作为产业，虽已经形成，但事实上，它的水平低、规模小，对国民经济的影响非常有限。

> **问题引导**：简述中国旅行社的发展历程。

三、现代旅游

第二次世界大战以后，欧美经济迅速复苏，世界旅游业已经进入现代发展时期，世界范围旅游人数迅速增加，使得旅游业成为世界三大朝阳产业之一。然而，由于我国特殊的国情，实际上，我国旅游业的发展是从1978年才真正开始的。

总的来说，我国旅游业的发展大致经历了以下4个阶段。

（一）起步阶段

中华人民共和国成立初期，国民经济迅速发展，国内各个方面的工作都取得了巨大的成就。由于特殊的国情，我国旅游业这一时期发展的主要任务是增进我国与世界各国人民的相互了解和友谊，宣传我国的社会主义。因此，我国旅游业首先经营的是国际旅游业务。

中华人民共和国旅游业的诞生是以"华侨服务社"和"中国国际旅行社"两个旅游机构的建立为标志的。中华人民共和国成立初期，福建省厦门市由于受战争影响，海、空民间交通陷入瘫痪，陆路交通也极不安全。为了帮助留在厦门的华侨和港澳同胞出境，中华人民共和国第一家华侨服务社于1949年12月正式成立。1951年，福州市和泉州市华侨服务社成立，并在各地建立分站、办事处。1954年，福建省华侨服务社成立。1956年，全国十几个城市相继成立华侨服务社。这样，以福建、广东两省为首的全国主要城市、主要的出境口岸初步形成接待网络，为开创中华人民共和国旅游业奠定了基础，起到了带头作用。

为了扩大外交新局面，建立广泛的统一战线，一些有中国参加的国际会议也扩大了中国在世界的影响力。1952年，我国成功地举办了"亚洲及太平洋区域和平会议"，到会代表来自37个国家，共367人，会议增进了各国代表对中华人民共和国的了解和友谊。此后，来华的外国人越来越多，接待任务也越来越繁重。为了适应日益繁重的外宾接待工作，1954年4月15日，中华人民共和国第一家面对外国人的旅行社——中国国际旅行社在北京诞生。这是中华人民共和国经营国际旅游业务的第一家全国性的旅行社，并在各地设有分社。其主要任务是处理访华外宾的食、住、行、游等事务，并发售国际铁路联运客票。1954年以后，该社开始接待外国自费旅游者。到1957年年底，中国国际旅行社已经和11个社会主义国家的旅行社有业务往来，另外还与西方国家113个旅游机构建立了联系。据不完全统计，1956—1957年，中国国际旅行社共接待自费旅游者4 000余人，其中主要是苏联及东欧等国家的旅游者，西方资本主义国家的旅游者只占其中的17%。

各地华侨服务社和中国国际旅行社的成立，以及之后华侨服务社改为华侨旅行服务总社，并接待自费旅游者，说明中华人民共和国旅游业已有初步发展。

（二）开拓阶段

中华人民共和国旅游业在中国国际旅行社和华侨旅行服务总社的共同努力下，在外宾接待方面取得了可喜的成绩。从1958年开始，中国旅游业向纵深发展，在完成"民间外交"任务的同时，注重经济效益。1966年"文化大革命"前的一段时期是中国旅游业的开拓阶段，它的标志是中国旅行游览事业管理局的成立、中国客源市场的逐渐转移，以及来华旅游者结构的变化。

1958年1月9日，国务院发布《关于开展国外自费来华者接待工作和加强国际旅行社工作的通知》，决定将中国国际旅行社划归国务院直属，由国务院外事办公室领导，各地分、支社归当地省市人民委员会直接领导，且必须接受中国国际旅行社分配的接待外宾的任务，并在接待业务上接受指导。

1964年6月，国务院决定成立中国旅行游览事业管理局，经由全国人大常委会于1964年7月22日正式批准，中国旅行游览事业管理局作为国务院的直属机构，负责管理全国旅游事业。中国旅行游览事业管理局主要负责对外自费旅行者的旅游管理工作，组织中国公民出国旅行，负责有关旅游的对外联络工作和宣传工作，等等。另外，国务院还明确规定了发展我国旅游事业的方针：首先是为了学习各国人民的长处，宣传我国社会主义建设的成就，加强和促进与各国人民之间的友好往来和相互了解。其次是通过旅游增加收入，为国家建设积累资金。

1963年12月中旬到1964年2月底，周恩来在陈毅陪同下，率领中国政府代表团访问了亚非欧14国。这次访问历时72天，行程十万八千里，在阿拉伯联合共和国（现名埃及）、阿尔及利亚、摩洛哥、阿尔巴尼亚、突尼斯、加纳、马里、几内亚、苏丹、埃塞俄比亚、索马里、缅甸、巴基斯坦、锡兰（现名斯里兰卡），处处留下了周恩来总理的足迹，留下了难忘的记忆。根据《中华人民共和国经济大事记》的记载，中国旅行游览事业管理局在1964年11月2日召开的第一次旅游工作会议上确定，1965年要接待外国游客8 000人，到1969年达到4.5万人。

（三）困难时期

在世界旅游发展史上，20世纪60年代和70年代初期是世界旅游业发展的两个高峰时期，是现代旅游业作为国民经济主要部门在工业发达国家得以确立的时期。而我国旅游业在20世纪60年代中期刚刚起步，在世界旅游业大发展的大气候下却经历"文化大革命"的十年浩劫，遭到了严重的破坏和干扰。

"文化大革命"开始后，"左倾"错误路线歪曲了社会主义建设的方向，否定了社会主义建设事业，也否定了刚刚起步的旅游业，错误地认为旅游活动是"资产阶级"腐败的生活方式，造反派打着"破四旧"的旗号，毁坏了大量的历史文化古迹。"文化大革命"期间，我国旅游机构遭到破坏，中国国际旅行社总社和各地方分社业务停止，华侨服务总社和地方旅游机构遭到撤销，难以开展旅游接待工作；大批的翻译和业务骨干遭到摧残和迫害。国内局势的动荡，使来华旅游的人数急剧减少，1966年全国只接待了303名游客。20世纪60年代中期刚刚起步的中国旅游业短短几年就陷入了瘫痪，更大地拉开了与世界旅游业之间的发展差距。

（四）全面发展

我国旅游业经历的主要社会发展阶段是1978年从中国改革开放开始的中国特色社会主义的发展阶段。40多年的旅游业发展的格局是逐步展开的，旅游业跟随国家战略，不断嵌入改革开放和经济社会发展的进程，不断调试和提升旅游业的定位，大致10年一次提升，至今经历了四大阶段。

1. 第一个10年是初创阶段

1978年、1979年，国家为改革开放大局所需提出"大力发展旅游事业"。旅游业自一诞生就有一个"为什么干""怎么干"的问题，需要国家从战略上明确旅游业的性质和定位。国家第一个关于旅游业发展的战略性文件——《国务院关于加强旅游工作的决定》（1981年国务院80号文件）有两个定位：第一个是双重性质双重目标，"旅游事业在我国既是经济事业的一部分，又是外事工作的一部分"，旅游业发展要"政治经济双丰收"，这是用以确定旅游业"中国式道路"特征的定位；第二个是把旅游放在经济领域中比较、调试后的定位，"旅游事业是一项综合性事业，是国民经济的一个组成部分，是关系到国计民生的一项不可缺少的事业"，这也是第一次关于产业重要性的精准定位，使旅游业在40年"社会经济发展阶段"的大发展中"选对跑道""对上表"。

2. 第二个10年是产业化进程阶段

这个阶段也可以前后拉长一点，从1986年国民经济"七五"计划，到1998年12月中央经济工作会议把旅游业明确为"国民经济新的增长点"。1981年，国务院主持制定了旅游业第一个发展规划，在5年后列入国家第七个国民经济发展计划。最终这个规划敲定了作为"国民经济一个组成部分"的产业应该有的基本政策体制保证，旅游业在国民经济的轨道上开始了产业化进程。旅游业产业化进程和国家20世纪90年代开始的扩大内需和经济结构转型同轨、同频、同行。旅游业随着1992年国家市场机制的完善而转型，主动在国民经济发展中承担更大的责任。这10年，是开启产业化市场化发展进程的10年。

3. 第三个10年是旅游业市场化进程深入的阶段

1998—2009年，推出"假日制度"，大众旅游风生水起，旅游市场繁荣兴旺。在国家整体转型继续深入推进经济结构转型的大背景下，为充分发挥旅游业在"保增长、扩内需、调结构"等方面的积极作用，2009年国务院《关于加快发展旅游业的意见》（国发〔2009〕41号）提出，"把旅游业培育成国民经济的战略性支柱产业和人民群众更加满意的现代服务业"。30年后又是一次"双目标定位"，之后《中华人民共和国旅游法》颁布，第一部《国民休闲纲要》出台，共同体现旅游业对国民经济作用的"增强凸显"，同时也是旅游业对国民生活重要性的"深度显现"。

4. 第四个10年是全面融入国家战略阶段

党的十八大以来，按照《国务院关于促进旅游业改革发展的若干意见》（国发〔2014〕31号），旅游业以主动与新型工业化、信息化、城镇化和农业现代化相结合的更大格局，以对经济社会文化生态多方协同的改革精神，全面融入国家战略体系，在推动"旅游+""大旅游""全域旅游"

的过程中转型升级，形成了新格局。按照"五位一体"总体布局和"四个全面"发展要求，"全域旅游"不仅是符合旅游业规律的发展要求，而且是促进经济社会统筹推进和协调发展的重要载体。习近平总书记指出，"发展全域旅游，路子是对的，要坚持走下去"。"大力发展全域旅游"成为2017年中央经济工作会议对旅游业定位的重要肯定。

旅游在线

《中华人民共和国旅游法》

《中华人民共和国旅游法》（以下简称《旅游法》）于2013年4月25日由第十二届全国人民代表大会常务委员会第二次会议通过。《旅游法》分总则、旅游者、旅游规划和促进、旅游经营、旅游服务合同、旅游安全、旅游监督管理、旅游纠纷处理、法律责任、附则，共10章112条，自2013年10月1日起施行。

《旅游法》的出台是中国旅游发展的里程碑，是众望所归，是所有旅游从业人翘首以待的，也是中国经济发展转型的大势所趋。

2018年10月26日，第十三届全国人民代表大会常务委员会第六次会议对15部法律进行了修改，其中包括对《旅游法》的修改，修改决定自公布之日起施行。此次对《旅游法》的修改内容如下：

（一）将第八十三条中的"工商行政管理、产品质量监督"修改为"市场监督管理"。

（二）将第九十五条、第一百零四条中的"工商行政管理部门"修改为"市场监督管理部门"。

现在，我国旅游业发展面临许多机遇：一是旅游业被列为国民经济新的增长点之一，为我国旅游业大发展奠定了坚实的基础；二是各级地方政府普遍重视旅游业对优化产业结构、提升经济优势的作用，积极出台了一批支持鼓励旅游业发展的政策、措施；三是创建中国优秀旅游城市工作进一步深化，参与创建活动的城市数量接近城市总量的1/5，将为旅游业的发展创造更好的综合环境。

旅游劳模 践行剧场

新时代旅游业的女性榜样——黄晓莉

黄晓莉现任山东省台儿庄古城旅游集团有限公司副总经理、山东省台儿庄古城影视传媒有限公司总经理、枣庄市旅游行业协会秘书长。作为奋战在旅游一线20多年的工作者，她以强烈的责任心和奉献精神执着于台儿庄旅游的建设发展。台儿庄古城管理模式成为旅游行业标杆,台儿庄古城旅游集团有限公司被授予"全国旅游系统先进集体""全国旅游标准化示范单位";黄晓莉曾获得"山东省劳动模范""山东省最美劳动者"等殊荣。

黄晓莉20多年来一直奋斗在旅游工作第一线,见证和参与了台儿庄古城的规划建设、宣传营销和日常管理等工作,工作中她始终发扬"特别能吃苦、特别能战斗、特别能奉献"的优良作风,提出"只有淡季的理念,没有淡季的市场"的营销理念和"不让一个游客在台儿庄受委屈"的服务理念,在管理中特别重视景区品牌塑造、服务品质及运营管理提升。

在景区管理及企业运营方面,她大力推进企业规模化发展和集团化运营,下辖10个子公司和4个景区,创新提出"旅游+"系列品牌,培育"旅游+体育""旅游+会展""旅游+工业"等发展模式,积极推进"旅游+基地"模式,推动古城中医药基地、康养基地创建,建立了爱国主义教育基地、实践教育基地、研学游学基地和台儿庄大战精神党性教育基地,让古城的形象愈加多元化和立体地走进人们的视野中,使得台儿庄古城成为国内古城建设与保护的典范和旅游行业标杆;积极推进台儿庄古城管理运营走出去战略,并与临朐文化旅游发展公司正式签署景区托管协议,这也标志着台儿庄古城的管理输出达到新高度。

黄晓莉在景区品牌塑造中不断调整发展理念,并始终坚持品牌发展和立体化营销宣传思路,形成独具特色的"台儿庄发展模式"。她重视全域旅游建设,创新推出"三日游"门票、一票通、一卡通政策、18岁以下以及在校大学生免费政策,并将台儿庄古城、台儿庄大战纪念馆、运河湿地十里荷花廊、双龙湖观鸟园、古城祥和庄园等七大景区有机联合,实现台儿庄由单一景区旅游向全域旅游转变,打造出以台儿庄古城为核心的全域旅游消费圈,使台儿庄发展成为集休闲、观光、度假为一体的新型旅游发展新格局。景区的游客接待量、营业收入、旅游综合指标每年均以30%~40%的增幅递增。其中,2017年台儿庄古城全年游客接待量为581.86万人次,古城集团营业收入为3.47亿元,古城业态综合收入达13.8亿元,累计接待游客逾3 000万人次,实现了古城集团及业态综合收入两年翻一番的目标。

景区先后荣膺中国旅游创新奖、首个国家文化遗产公园,被美国有线电视新闻网评为"中国最美水乡"之一。在景区内成功举办了亚太经济领袖高峰论坛、世界摄影大赛、国际冬泳节等一系列影响重大的活动。黄晓莉多次受到山东省旅发委,枣庄市委、市政府的表彰和嘉奖,也曾多次受邀在省、市各地讲授市场营销、品牌建设和景区管理方面的课程。台儿庄古城品牌影响力不断扩大,获山东省诚信旅游示范单位、2016年度山东省服务名牌、全国旅游市场秩序最佳景区、全国旅游系统先进集体、第三批全国旅游标准化示范单位等荣誉称号。

(资料来源:中国妇女旅游委员会,2019-10-23. http://www.chinawtc.cn/lilunyuandi/20191023/818.html)

归纳总结

章节名称：		日期：
专业：	班级：	姓名：

索引区域 请对本章节所学内容进行要点提炼。	笔记区域 记录本章节中的重点、难点和中心思想，对未掌握部分进行梳理。

总结区域
请对本章节所学内容进行归纳总结。

课后测试

课程名称	旅游概论	专业	
学习任务	第二章　旅游简史	班级	
学习内容	1.世界旅游简史 2.中国旅游简史	姓名	

码上刷题

1. 世界旅游历史发展大致可分为哪几个时期？近代旅游与古代旅行游览相比较，有哪些不同特征？

2. 第二次世界大战后旅游迅速发展的主要因素是什么？

3. 古代中国旅行游览可分为哪几个时期？各个时期有什么特点？

4. 中国现代旅游业的发展大体经历哪几个阶段？试分析各阶段的特点。

第三章 旅游活动的基本要素

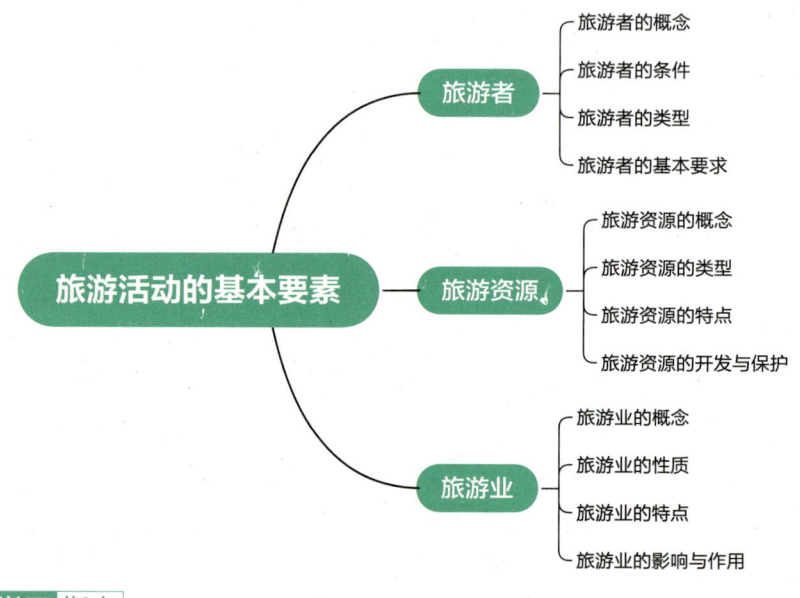

📖 学习指南

◎ **知识目标**：了解旅游者类型的划分目的和方法，并掌握不同类型旅游者的需求特点；掌握旅游资源的概念、类型及特点；熟悉旅游资源评价方法及开发的原则；了解旅游业的概念、性质和特点，熟悉旅游业对社会各行业的影响和作用。

◎ **能力目标**：能够分析影响个人旅游需求的客观因素和主观因素；能够运用所学知识，对旅游资源进行分类、调查与评价；能够针对不同类旅游资源采取具体的保护措施。

◎ **德育目标**：培养良好的旅游从业人员的行为习惯；树立可持续发展观，培养尊重历史的观念，提高人文素养。

第一节　旅游者

一、旅游者的概念

旅游者狭义上指游客，即离开常住地旅行游览的人；广义上指离开常住地24小时以上、一年以内，在异国他乡以消遣、休闲、度假、体育、商务、公务、会议、疗养、学习和宗教等为目的的人。

自定义解释：第一，旅游者首先必须是一个旅行者，他所进行的物质性和精神性活动是在异地；第二，旅游者不同于一般旅行者，旅游者外出旅行的目的主要是进行非功利性的游览、消遣等活动；第三，规定要有游览、消遣等活动内容和形式，但并不排除在非纯消遣性旅游活动过程中产生的旅游行为，如会议旅游者、公务旅游者、购物旅游者等。

"国际旅游者就是离开自己的居住国到另一个国家访问超过24小时以上的人"，这是1937年国际联盟专家统计委员会第一次对"国际旅游者"作出的解释。

1963年在罗马举行的联合国旅行和旅游会议提出了"观光者"的定义。观光者又可分为旅游者和短途旅游者。旅游者：临时观光者，到一个国家至少停留24小时以上，以娱乐、保健、学习、宗教信仰或体育活动等为目的，换言之，为了消磨闲暇时间，经营、参加会议或探亲等。短途旅游者：到一个国家去逗留少于24小时的游客，包括海上航游者。

世界旅游组织于1991年6月在加拿大召开的旅游统计国际大会上提出"当日游客"的新概念。在访问国停留不超过24小时并不过夜，主要目的不是为了从访问国获得经济利益的游客称为"当日游客"。

二、旅游者的条件

一个人要成为旅游者，必须具备许多条件，而起决定性作用的条件可归纳为社会条件和个人条件。

（一）社会条件

旅游者的产生有赖于社会经济的发展。国际上曾有这样的经验统计：当一个国家（地区）人均国民生产总值达到300美元时，居民将普遍产生国内旅游的动机；达到1 000美元时，将产生跨国旅游的动机；超过3 000美元时，将产生洲际旅游动机。这反映了社会经济发展与旅游消费需求之间的关系。从现实来看，发达国家产生了全世界90%以上的国际旅游者，同时又接待了全世界80%以上的国际旅游者。可见，社会经济的发展使广大人民的生活水平提高，闲暇时间延长，从而为外出旅游提供金钱和时间的保证；社会也能为广大旅游者提供各种服务条件。

（二）个人条件

在社会条件的基础上，一个人要成为旅游者还必须具备三方面的条件，即金钱、闲暇时间和旅游动机。

1. 要有足够支付旅游费用的可随意支配的收入

在家庭或个人的总收入中，扣除全部税收及社会消费（如保险）和生活之必需消费（衣、食、住、行等）之后，余下的部分要足够旅游消费。可见，经济条件对旅游者的旅游活动具有决定意义，它决定着旅游者到何处去旅游，以及旅游时间长短和消费水平的高低。因此，可随意支配的收入增多，人们娱乐性消费的比例也会随之增加。

2. 要有可自由支配的时间

闲暇时间也是社会发展的产物。科学技术进步，生产力水平提高，劳动生产率增长，必然导致劳动时间缩短，闲暇时间增多，从而为人们外出旅游创造时间上的条件。目前，西欧和北美的发达国家已普遍实行每周5天工作制，每周工作时间缩短到35～40小时；人们每年连续的假期有一个多月，其中法定带薪水的假期约20天。闲暇时间（尤其是带薪休假）的延长，不仅为人们提供了度假休息娱乐的机会，也是现代大规模群众性旅游迅速发展的条件之一。

3. 要有旅游的动机

旅游动机是推动人们进行旅游活动的心理因素。旅游动机产生于旅游的需求，没有旅游的需求，就不会产生旅游动机，而没有旅游动机，就没有旅游的行动。旅游动机是多种多样的，由于旅游者的国家、民族、职业、性别、年龄、文化程度不同，其旅游的动机和目的也各不相同。有的为了消遣娱乐，有的为了追新猎奇，有的想了解异国文化，有的重在探亲访友，等等。就是同一旅游者，在不同时间或条件下，其旅游动机也会发生变化。正是由于旅游者有不同的旅游动机和旅游动机的变化，才促使旅游的形式不断翻新和多样，旅游的内容也不断丰富多彩。

> 问题引导："宅"是现代年轻人的一种生活方式，那么"宅"应该如何理解？难道现代年轻人不喜欢旅游吗？

三、旅游者的类型

最常见的旅游者类型有观光型旅游者、娱乐消遣型旅游者、公务型旅游者、个人及家庭事务型旅游者、医疗保健型旅游者、文化知识型旅游者，其中前3种是最常见的旅游者类型。

（一）观光型旅游者

观光型旅游者以观赏游览异国他乡的名胜古迹、风土人情等为主要目的，同时还可以与购物、娱乐、考察、公务等相结合，是世界上最古老、最常见、最基本的旅游者类型，也是我国旅游者类型的主体。其特点是希望通过观赏游览异国他乡的自然景观和人文景观，增长见识、开阔视野、陶冶情操，获得新、奇、异、美、特的感受；在旅游地逗留时间短、重游率低、花费较少，对旅游景点特色和价格比较敏感。

（二）娱乐消遣型旅游者

娱乐消遣型旅游者以松弛精神、享受临时变换环境所带来的欢娱为主要目的。由于娱乐消遣型旅游能够调节人们的生活节奏，摆脱日常紧张工作带来的烦恼，该种类型的旅游者日趋增多。在发达国家的所有旅游者中，娱乐消遣型旅游者所占比重最大。其特点是追求娱乐、参与、消遣、刺激和享受；对旅游产品的质量、旅游安全和价格比较敏感；外出季节性较强，几乎都会选择旅游目的地最好的季节，利用带薪假期外出旅游；对旅游目的地和旅行方式的选择自由度大；重游率较高，出游和停留时间较长。

（三）公务型旅游者

公务型旅游者是根据工作需要，以贸易合作、商务洽谈、出席会议、举办展览、科学文化交流等为主要目的，在完成公务的前提下进行参观游览等活动的旅游者。其特点是有一定的身份地位，对旅游产品和服务质量要求较高；费用主要由团体的公费开支，支付能力较强，对价格不大敏感，消费较高；因为公务在身，对旅游目的地和旅游时间没有太多选择余地，一般以就近短途和短时为多；人数相对较少，但出行次数较多，季节性不强。

（四）个人及家庭事务型旅游者

个人及家庭事务型旅游者的需求比较复杂。他们在需求方面不同于消遣型和公务型，但又兼具两者的某些特点。例如，在出游时间上，他们中虽然有不少人利用带薪假期探亲访友，但相当多人选择传统节假日外出探亲，而各国传统节假日又不尽统一。此外，很多家庭及个人事务，如出席婚礼、参加开学典礼等日期限制较紧。其特点是出行季节性较差；对旅游价格比较敏感；没有选择旅游目的地的自由。

（五）医疗保健型旅游者

医疗保健型旅游主要有疗养旅游、休闲度假旅游、温泉旅游、森林旅游、体育保健旅游、气功专修旅游等形式。医疗保健型旅游者的主要目的是通过参加有益于身心健康的旅游活动，治

疗某些慢性疾病、消除日常工作疲劳。其特点是有较高的收入、较多的闲暇时间；保持健康或恢复健康的欲望较强；对旅游项目中保健、康体、医疗等功能比较敏感；中老年人比重较大，停留时间较长；近距离旅游者较多。

（六）文化知识型旅游者

文化知识型旅游是一种旨在观察社会、体验民族民俗民风、丰富历史文化积累、增长知识的旅游形式。文化知识型旅游者的主要目的是通过文化知识旅游达到积极的休息和娱乐，同时获得知识的启迪和充实。其特点是具有较高的文化素养和较强的求知欲；具有某种专长或特殊兴趣，乐于与人切磋交流；对导游的文化知识基础有较高的要求，对旅游日程安排的周密性和旅游线路的科学性比较敏感。

> 问题引导：港澳台是我国不可分割的一部分，为什么我国内地（大陆）居民赴港澳台旅游被称为出境旅游呢？
>
> _____
> _____
> _____
> _____

四、旅游者的基本要求

旅游是人类超出生存需要具有享受性的一种自愿行为，是超越自我、超越时空的意志的体现。因此，旅游者的基本要求：第一，体现在要有比较宽松的旅游政策，以充分行使个人的旅游权利。第二，旅游以游为主，因而要求有更多的旅游方式、旅游胜地及精品项目可供自由选择，以便各得其所，满足个性化的需求。第三，旅游是一种综合性的社会活动，尤其是观光旅游，路途远、环节多、涉及面广、依赖性强，因此要求有热情、礼貌的接待服务；有便利、快捷、安全的交通设施；有卫生、方便、舒适的住宿条件；有符合个人饮食习惯、富有地方特色的美味佳肴和异地风味餐饮；有独具特色魅力的旅游对象和导游服务；有琳琅满目、品种多样、可供纪念和使用的旅游商品；有丰富多彩的异域情调和民族特色娱乐活动。总之，所有旅游者都希望在旅游过程中能够行得安全、住得舒适、吃得满意、游得痛快、购得称心、娱得快乐。

旅游劳模 践行剧场

触目所及皆是"景"——王丹丹

从前车马很慢，道路很远；如今山海可平，世界在眼前。她从业于旅游行业，陪着一批又一批游客穿梭于奇趣迥异的风土人情里，实现了自我的成长，也见证了行业的变迁。她就是浙江台运国际旅行社有限公司副总经理王丹丹。入行10年，她从导游员开始，做到旅游行业的领军人物，一直兢兢业业，收获荣誉无数，曾被中华人民共和国人力资源和社会保障部、中华人民共和国文化和旅游部授予"全国旅游系统劳动模范"称号。

匠人心境

"我与行业，彼此成就。"

"世界这么大，我还是要看看。"

10年变迁，谈及入行初衷，王丹丹依然初心不改。

做一行，爱一行。在一路跌跌撞撞的自我成长中，王丹丹始终对行业心存感激。作为一名导游，她会接触到各行各业的游客，每一位游客都会带来不同的感受。在王丹丹看来，自己如今能在行业小露头角，离不开游客们的指点。

在多年行业经历中，一个从杭州到黄山的旅游团让她至今难忘。当时下山之际，突遇大雪封山，整个团队被暂困山上。此时，初入行业的王丹丹并没有因为突发情况而慌了手脚，送热水，分发小零食，耐心安抚游客情绪，将游客们照顾得很好。当天，大家下午3点多才下山吃上午饭，但是都毫无怨言。团队中一位临退休的老局长还对她竖起了大拇指："小姑娘真是不容易！"

在这之后的5年里，他俩一直都还保持着联系，老局长经常在短信里鼓励王丹丹多学习、多钻研。萍水相逢的陌生人却愿意宽容新人，这行业里的"人情味儿"让王丹丹感动，也成了她一路向前的原动力。

"行业奖励我荣誉，我也希望能为这个行业带来荣光。"身为台州旅游协会副会长兼导游委员会主任，王丹丹接待游客时认真把握每一个环节，在实际工作中不断充实自己，并积极邀请外地名师为导游们进行技能培训，让优秀的导游成为台州旅游的"金名片"。

不卑不亢，始终忠于本职，心怀感恩，导游王丹丹秉承工匠精神，不断追求"技艺"的极致。

游人与景

"十年之间，质的蜕变。"

从大巴到飞机，从国内到境外。在起飞降落、迎来送往中，王丹丹深刻地感受到时代的变迁。

在她的办公室，触目可及的是从各地带回来的零食：柬埔寨的棕糖、泰国的柠檬干……王丹丹告诉记者，原来临海的游客大多喜欢国内游，走的大多是热门景点；现在，随着交通工具的更新升级以及中国国际地位的不断提升，大家越来越倾向于出境游，东南亚城市和海岛一跃成为旅行新地,欧洲的小众国家日受青睐;自由行、自驾游等出行新方式也在逐渐兴起。

当前,根据游客需求的变化,各大旅行社推出了不少适应市场发展的旅游线路:"西北大环线"经典路线,感受丝绸之路的遗迹;十日环游土耳其,走进浪漫的童话世界;俄罗斯直线之旅,漫步夏宫花园……丰富的选择使游客出行的热情被点燃,王丹丹所在的台运国际旅行社一天就能接到几十个关于路线咨询的电话。"每年的夏天,孩子们都放假了,全家出动的出游会高一点。"王丹丹说道。

"近几年,旅游市场动向的变化还是挺明显的,外出旅游的人群基数大幅上涨,老年人逐渐成为主力军之一。而且,旅行的意义越来越受重视,大家不再停留在单纯的'到此一游',来到目的地后更喜欢去感受当地的文化。"见证了这些的变化,王丹丹欣喜不已。在她看来,游客是旅游市场发展的决定因素,"有内涵的旅行"既是市场发展的良好开端,也体现了老百姓对精神享受的更高追求。

行业前景

"朝阳产业,未来可期。"

导游之于城市,是微窗口,也是"活地图"。游客出行理念的改变,对导游们提出了更高的要求。

"听老人们说,改革开放初期,很少有人旅游的。后来,慢慢有了,但是出去旅游还需要介绍信,否则连旅馆也不能入住。现在只要一本护照,世界皆在脚下。我们也跟着成长了,由最初的完成任务到如今了解客户需求,形成独特的操作模式,甚至提供私人定制。"王丹丹说。

看着身边"90后""95后"甚至是"00后"的同事日渐增多,王丹丹对旅游这个朝阳行业的发展信心满满:"相比以前,现在的年轻人受教育程度普遍较高,这有利于他们自身职业技能的完善,也能提升整个行业的专业化水平。"

此外,不断涌现的行业"正能量"也让王丹丹对导游队伍充满了期待。2013年雅安大地震时,王丹丹和同事正带着一支旅游团在四川。当时,余震仍然较强,他们不顾个人安危一路高举导游旗,走在队伍最前面,将游客一个不少地带回安全地带。在天灾面前,人类的力量显得格外渺小,迈出的每一步路都充满着危险,但是导游们宁愿以身试险也要保证游客的安全,感动了所有游客。

像这样的"正能量"事件在导游中并不少见:飞机遇强气流,他们总是第一个站起来维持场面;汽车在高速抛锚,他们二话不说积极配合抢修工作;高温天气带队,他们总是照顾到每一位游客的身体情况,自己却累得倒下……优秀行业人才越来越多地涌现,社会的认可度和满意度也在持续提高。

"旅游业埋藏着巨大的市场潜能,旅游部和文化部的合并表明了国家对旅游行业的重视!

对导游的政策保障以及荣誉认可也说明导游的社会地位在慢慢提升。我相信，在这么好的大环境下，导游队伍将会步步壮大，旅游行业发展大好也是必然趋势。"话语间，王丹丹骄傲不已。

漫步灵湖，徘徊紫阳，看着越来越多的游客奔赴千年台州府城，王丹丹脸上不禁泛起微笑。快看，我们"家门口"的风景也正在逐渐被人熟知……

（资料来源：临海新闻网，2018-07-23. https://www.lh75.com/news/5165.html）

第二节　旅游资源

旅游资源是旅游的吸引力因素，也是旅游业赖以生存和发展的物质基础和条件。

一、旅游资源的概念

旅游资源是指一切可以利用于发展旅游业的自然资源和古今人文资源的总称。自然资源包括气候、地形、动植物、海滩、自然风景等，而人文资源则包括民族、风土、人情、历史古迹、博物馆、饮食菜肴、工艺美术、文学音乐、舞蹈、电影、电视及众多的娱乐设施等。

旅游资源的特性如下：

（1）多样性。旅游资源多种多样，既有自然形成的，又有历史遗留下来的和当代新建的，它与旅游目的的多样性有十分密切的联系。

（2）垄断性，即不可转移性。大家常常称旅游业为"无形贸易""风景出口"，实际上旅游从业者就是凭借这些千姿百态的自然和社会文化资源把旅游者从世界上各个角落吸引到旅游地来的。

旅游资源不同于其他各种资源，它有极强的垄断性。正如世界建筑史上最伟大的奇观之一的万里长城，是在其他国家看不到的。正像许多游客讲的那样，"到了中国，没有去北京，等于没有去中国；到了北京，不去游长城，等于没有到北京"。

（3）季节性。除了会议、商务等形式的旅游外，观光旅游受季节的制约最大。这特别表现于海滨城市，每到夏季，前来避暑的游客蜂拥而至，以至于出现超饱和现象，吃、住、行、游、购、娱乐等都出现了问题，以致有人发出"花钱买罪受"的怨叹。

二、旅游资源的类型

旅游资源的分类是指根据不同的旅游资源存在的共情和特性，按照一定标准对旅游资源进行归类。旅游资源多种多样,既有具体的、物态的,又有抽象、非物质性的。《旅游资源分类、调查与评价》(GB/T 18972-2017)将旅游资源分为8个主类、23个亚类和110个基本类型。我们着重对8个主类进行介绍。8个主类为地文景观(路南石林)、水域景观(杭州西湖)、生物景观(黄山迎客松)、天象与气象景观(黄山云海)、历史遗迹(北京故宫)、旅游购物(景德镇瓷器)、人文活动(傣族泼水节)、建筑与设施景观(苏州园林)。

(一)地文景观

地文景观是各种形成过程中相互关联的地表形态组合,如山川、河谷、湖泊、岩溶景观等。地形是景观的一个重要因素。地文景观通常以一个或两个主要自然地理要素(如气候、水文、地貌、土壤、植物、动物)命名。

(二)水域景观

水域景观是指以水体为中心,在地质、地貌、气候、生物、人类活动等因素的配合下,构成的不同类型水体景观的统称。

人间天堂——杭州西湖

杭州西湖风景名胜区位于浙江省杭州市西湖区龙井路1号,分为湖滨区、湖心区、北山区、南山区和钱塘区,总面积达59.04平方千米,其中湖面为6.38平方千米,外围保护区面积为35.64平方千米。

杭州西湖风景名胜区有122处主要景点,其中特级景点26处,一级景点25处,二级景点39处,三级景点21处,四级景点11处;有国家重点文物保护单位5处,省级文物保护单位35处,市级文物保护单位25处;还有39处文物保护点和各类专题博物馆点缀其中。

1985年,杭州西湖风景名胜区被选为"全国十大风景名胜"之一。2006年,杭州西湖风景名胜区被列入中国世界文化遗产预备名单。2007年,杭州西湖风景名胜区被评为"国家AAAAA级旅游景区"。国学代表人物厉声教曾留下的著名词篇《采桑子·西湖四咏》描写了杭州西湖的四季美景。2011年6月24日,在法国巴黎召开的第35届世界遗产大会上,杭州西湖文化景观被列入《世界遗产名录》。

(三)生物景观

生物景观是指由生物群落组成的整体景观,个别的具有稀有品种和异形个体。

（四）天象与气象景观

天象与气象景观包括变化不定的气象景观、天气现象及不同区域的气候资源，结合岩石圈、水圈、生物圈旅游景观，再加上人文景观旅游资源的点缀，构成了丰富多彩的天象气候旅游资源。

（五）历史遗迹

历史遗迹是指历史遗存，历史人物居住的地方，或者历史遗留下来的非现代遗址。

（六）旅游购物

旅游购物涉及旅游商品，是旅游目的地为游客提供的富有特色、对游客有很强的吸引力的一种纪念、艺术、实用的物质产品。我们国家旅游商品种类很多，有旅游食品、轻工产品、纺织工业产品、手工业产品、工艺美术产品、文物、土特产、旅游纪念品等。

（七）人文活动

人文活动包括人事记录、艺术、民间习俗和现代节庆。其代表有曲阜三孔、昆曲、伊斯兰教节日和哈尔滨冰雪节。自然旅游资源向旅游者提供自然美；人文旅游资源为旅游者提供艺术美和社会美。

（八）建筑与设施景观

建筑与设施景观被定义为融合到旅游中的某些基础设施或建筑物和特别为旅游开发而建造的地方。

问题引导：旅游资源主要分为几大类？举例说明有哪些典型景点。

三、旅游资源的特点

（1）多样性：既有自然的，又有人文的；既有景观性的，又有文化性的；既有古代遗存的，又有现代兴建的；既有实物性的，又有体察性的。

（2）独特性：凡是旅游资源，都与旅游者通常的生活习俗、文化背景和居住环境有不同之处，这种差异越大，对旅游者来说就越独特，对旅游者的吸引力也就越大。

（3）变异性：某些事物在其存在之初并没有被作为旅游资源，但随着旅游者需求的变化，它成为具有吸引力的旅游资源，反之亦然。

（4）永续性：大多数旅游资源具有无限重复利用和不断再生的特点，如作为旅游资源主体的观光、度假、特种和专项旅游资源本身是旅游者带不走的，旅游者带走的只是对它们的各种印象和感受。只要保护得当，大多数旅游资源是可以永续利用的，而某些旅游资源还会随着社会经济的发展和科学技术的进步而不断地丰富再生。

四、旅游资源的开发与保护

自然环境是人类的栖息之地，也是人类生活的物质之源，还是人们的游览观赏对象。近几年来，改革开放的大潮和经济的高速发展为我国旅游业的发展创造了良好的条件，我国旅游业得到了迅速发展，与此同时，旅游资源破坏、旅游区环境质量下降等问题也日益突出。因此，保护好优美的旅游资源是发展旅游业的先决条件，如何正确处理好旅游环境资源的开发与环境保护之间的关系，值得我们认真思考。

（一）旅游资源遭受破坏的原因

旅游业是一个资源产业，它的经营基础是旅游资源。要谋求旅游业的可持续发展，就必须以旅游资源的永续利用为前提，而旅游资源的永续利用只有在保护旅游资源的基础上才能得以实现。

造成旅游资源被损害或被破坏的原因有很多，主要原因可归纳为自然损毁和人为破坏两个方面。

1. 旅游资源的自然损毁

所谓旅游资源的自然损毁，主要是指自然力造成的旅游资源的损毁。旅游资源是自然界的一部分，因而不可避免地会受到地震、火山喷发、海啸等突发性自然灾害的破坏，以及酸雨侵蚀、风吹日晒、空气腐蚀等来自地球外引力的损毁。例如，闻名中外的山西云冈石窟，由于长期受到风雨侵蚀和渗水浸泡，大部分洞窟因损坏严重而无法开放。意大利著名的旅游城市威尼斯，由于地表逐渐下沉，如不采取紧急措施，这座著名古城将成为名副其实的"水城"。

此外，一些生物的生长活动，如植物根系生长产生生物风化作用，以及白蚁、鸟类的破坏作用也不容忽视。例如，在风景名胜地养鸽子可以增加游览情趣，但同时应注意到鸽子也是污染源，它不仅可能传播多种疾病，其粪便也会污染环境，对古建筑物、雕像等具有腐蚀作用。

2. 旅游资源的人为破坏

人为破坏是造成旅游资源损毁的重要原因，它可分为社会经济发展造成的破坏、旅游者造成的破坏和旅游开发造成的破坏。

（1）社会经济发展造成的破坏。随着我国社会经济的发展，人们对资源的耗费和环境的影响日益加剧，从发展旅游的角度来看，这成为破坏旅游资源和环境的主要因素之一。具体包括：一是城镇化建设大大地削弱、湮没了民俗、建筑、服饰、自然等原生态。二是地方政府实施的各种温饱富民工程，由于考虑和组织实施得不周全，加速毁坏了一大批宝贵的旅游资源，如"消灭茅草房""村村通公路""移民搬迁""规范民族舞蹈"等措施加速了对民族文化和自然环境的破坏。三是其他资源的开发对旅游资源的破坏。因为旅游资源与很多其他资源是一种共生、依存的关系，一些地方在趋利意识支配下，加大对矿山的开发、对林木的砍伐、对湿地的侵占，这些行径对旅游资源造成了致命伤害。四是工业污染及落后的生产方式对旅游资源也造成了严重的破坏。

（2）旅游者造成的破坏。一方面，旅游者的旅游活动有时会造成无意破坏。例如，旅游资源所承担的超负荷的旅游活动，加速了历史文物古迹的风化和磨损速度；大量游客的践踏使土壤板结，植物难以生长，形成裸地；游客对野生植物的新鲜感和索取欲望，常常引来对野果、野花、菌体的采挖；随着游客的增多，带来更多的火源，是对森林旅游资源形成威胁的主要因素之一。另一方面，旅游者有违社会公德的行为也会给旅游资源造成多方面的破坏。如乱扔废弃物、乱刻乱画、违规狩猎等。

（3）旅游开发造成的破坏。一方面，在开发利用的过程中由于规划不当而造成对旅游资源的破坏。一些建筑与景观环境不协调，破坏了和谐统一的观赏价值；在对文物古迹进行维护、修缮的过程中，随意改建、翻拆甚至添加现代建筑设施，降低了其历史价值；一些旅游企业在旅游景区随意大量增加人工设施，破坏了景区特有的氛围、格调和布局。另一方面，旅游业较高的经济效益往往使经营者和当地群众为利益所驱动，造成"重开发，轻保护""重经济效益，轻生态效益"的局面，再加上缺乏有效的管理，从而形成各自为政、多方插手、环境污染、资源水平降低的恶性循环。例如，在游客集中的森林风景区，每年消耗大量的薪柴用于烧饭和烤火等；在修建旅游设施的过程中，砍伐林木、铲除植被、开山通道等现象普遍存在，对生态环境造成了极大的破坏。

（二）旅游资源开发的原则

旅游资源开发的目的是实现最佳的社会、经济和生态效益，实现科技的最优发展和资源的最优配置。在保证区域旅游环境可持续发展的同时，也要满足旅游者日益增长的物质和精神需要。因此，在开发旅游资源的过程中，应当注意遵守以下原则。

1. 面向市场、掌握市场的原则

旅游资源的开发利用是以实现经济效益为归宿点的，但取得经济效益的基本保证是客源。在旅游资源的开发过程中，如果对市场需求变动趋势和自身的资源特性分析不够、把握不准，其结果是自己满意，但游客并不感兴趣，效益状况和命运前景也就可想而知了。更为严重的是浪费了资源，破坏了环境，损害了形象和声誉。因此，组织开展对旅游市场和旅游资源的深入、全面分析研究是根本。无论采取何种开发方式，保证效益和成功的根本就是要把握市场消费需求及其变动趋势，了解相关生产供给和供求关系的状况，分析自身的资源特性和各种优势，用长远的战略眼光按照市场需要组织开发旅游资源。

2. 特色鲜明、主题创新的原则

旅游资源吸引旅游者的根本是其自身的特色，故"特色"成为旅游资源的灵魂所在。"独一无二""世界之最"的客体对旅游者具有强烈的吸引力。因此，在开发过程中只有突出自己的主题形象，体现自己的独特个性，才能增加旅游吸引力，形成竞争优势。

（1）尽量保持原始风貌。对于美学特征突出、科研价值高、具有深刻文化内涵和重大历史价值的旅游资源，开发时不宜过分修饰，更不能毁旧翻新，应按原有形态、内容及环境条件完整地加以修缮和保护。例如，天安门和天坛作为北京乃至中华文明的国宝级经典建筑，早已深入人心。尽管北京城风格各异的摩天大楼层出不穷，但天安门、天坛作为北京标志性建筑的地位却不可动摇，这就是文化的原始魅力。

（2）突出民族特色。"越是民族的，越是世界的。"观新赏异、体验异域风情是旅游者来访的重要目的之一。因此，在资源开发和旅游项目设置上应当充分体现当地的民俗文化特色。

（3）创意新颖。创意是景点开发前总的设计意图，中心主题是从市场需求、资源特色、区位和环境条件综合分析得出的结论。例如，澳大利亚的悉尼在城市建筑上追求独创为美，悉尼歌剧院、悉尼海港大桥、悉尼塔等杰出建筑使悉尼成为世界上最具有建筑特色的城市。

3. 协调统一、烘托景物的原则

自然美是旅游资源的核心和主体"乐章"，而人工建筑是"配乐"，起到点缀、充实和强化的作用。人工建筑只有在特定的环境中表现个性，如人工建筑过分地表现自我，既破坏了整体环境的协调美，又降低了自身的价值和形象。因此，人工建筑在造型风格、比例尺度、色调对比上要服从环境整体，使人工美和自然美达到完美的高度统一。

另外，在基础设施的建设上，也应充分考虑与景观的和谐统一。例如，周庄在新千年开始之际，对古镇内的电力、电信、有线电视等实行"管线地埋"，使江南古镇不再电线杆林立、管线密布，美化了游人的视觉，恢复了古镇应有的神韵，突出了水乡古镇的特色。

4. 突出重点、综合开发的原则

地域较大的旅游区往往存在多种不同类型的旅游资源，不可能一起开发，必须先确定重点发展项目，对垄断性强、区位条件好、具有辐射和带动功能的旅游资源集中资金优先开发，这样才能见效快。同时，对其他各类旅游资源要根据实际情况，着眼未来，制定长期建设的总体规划，进行逐步开发，使旅游区形成一个旅游吸引力各异的不同旅游资源合成的吸引群体，增加该地的旅游价值，带动其他行业的发展。

5.维护和创造生态环境的原则

旅游景点未开发前，生态平衡处于相对稳定的状态，一旦进行旅游开发，建筑物落户，旅游者进入，这种平衡就会受到破坏。因此，制定旅游开发规划时，应把生态环境保护作为重要内容，确保在生态环境和资源保护能力许可的情况下进行开发。例如，在青藏铁路建设中，在铁路建设史上首次引入环保监理制度，针对青藏高原是"江河源""生态源"，其生态环境脆弱等特点，开展野生动物通道设置、高原植被移植、边坡植被营造技术等科学实验研究，取得了阶段性成果。

优美的环境是构成旅游吸引力的不可忽略的要素，也是一个景区是否具备可持续发展能力的关键。打造优美的环境除了要维护好原有生态外，还要善于创造。因此，开发时应对周围环境进行综合治理，增加植被的覆盖率，通过绿化、美化和园林造景的方式，改善环境质量，创造一个更加和谐、更加优美的新的生态环境。例如，杭州西湖自汉代脱离大海成为湖泊以来，由于上游溪流泥沙堆积和水草生长，导致湖泊有沼泽化趋势，各个历史时期都实施了有效的保护和疏浚治理，使西湖一直是我国著名的风景胜地。

6.注重经济效益和社会效益的原则

旅游资源开发的经济效益取决于成本和收入两个因素，因此在开发时要做好经济预算，进行投入—产出分析，根据经济实力，分期分批、主次有序地进行开发。一般应先选择投资少、回收期短的项目，并在开发中采取一定措施降低成本，提高经济效益。

旅游资源开发在讲求经济效益的同时，还应考虑是否会危及当地居民的思想道德和社会生活质量，是否会破坏社会的安定团结等方面。因此，旅游资源的开发应力求维持当地传统文化特色，协调好传统文化和外来文化的关系，减小开展旅游活动对当地社会风气的影响，取得最佳社会效益。

（三）旅游资源开发和保护的关系

1.相互联系，相互依存

（1）保护是开发和发展的前提，保护是为了更好地开发。旅游资源是旅游者进行旅游活动的基础和前提条件，一旦破坏殆尽，旅游业将失去依存的条件，也就无开发可言了。因此，保护是开发的前提，是当前的迫切任务。

（2）开发是保护的必要体现，是旅游业发展的基础。从可持续发展的角度看，资源保护归根到底是为了更好地发展。因此，旅游资源必须经过开发利用，才能招徕游客，发挥其功能和效益，也才具有现实的经济效益和社会效益。资源保护的必要性只有通过开发才能得以体现。

（3）开发本身意味着保护。一般来说，合理的科学的旅游资源开发，或对资源加以整修而

非令其"自生自灭",可以延长其生命周期;对资源环境进行改善、美化,可以增加其可进入性;对历史遗迹进行发掘、修复、保护,或对人文旅游资源,如民俗进行资料收集和整理,可以使其重现光芒。同时,资源开发促进旅游发展带来的旅游收益的一部分可以通过各种形式返回资源地,用于资源环境的改造、基础设施和环境建设。

2. 相互矛盾

(1)从某种程度上看,开发也是一种破坏。首先,旅游资源的开发不可避免地会造成某种破坏。旅游资源开发需要对资源地进行的适度建设是以局部范围的破坏为前提的。可以说,没有破坏就没有开发,破坏和开发在一定程度上是共生的。由于旅游业是一个新兴的产业,目前普遍存在粗放型开发模式,使得积极的开发也会带来破坏。秦始皇陵兵马俑就是一个典型的例子。因技术条件限制,兵马俑一号坑的彩陶已逐渐褪色,失去了往日的光泽。当然,盲目的、掠夺式的开发造成资源浪费、环境污染、生态失衡更是对资源的严重破坏。

其次,从人为角度看,旅游资源的开发也会产生极大的破坏作用。因管理不善,资源地游客涌入量往往超过其承载力,从而给资源本身造成致命的损坏。例如,北京故宫很多地砖已被踏破、磨平,地面下陷,增加了保护、修复工作的难度。因此,景点应对游客量进行限制,而不是来者不拒。

最后,由于旅游资源(尤其是人文旅游资源)具有文化性,开发带来外来文化的冲击也可能是对旅游资源的毁灭性打击。尽管旅游者与资源所在地的交流和影响以及两种文化之间的作用是相互的、双向的,但事实上,外来文化、外来旅游者对资源所在地(旅游地)的冲击和影响远大于他们所受到的资源地的影响。

(2)过度保护妨碍了开发。因开发会造成破坏,为防患于未然,易导致片面强调保护,从而忽视了对资源的开发。过度保护而没有对资源开发,就不能体现资源本身所具有的价值,旅游业也就得不到发展。曾经有阿拉伯商人要投资兴建清净寺,但因部分学者强调应保持清净寺的"原汁原味"而"泡汤"。这里姑且不论其对与错,但过分强调保护也就失去了开发的机会,妨碍了发展。

> 问题引导:我们在旅游过程中应如何保护旅游资源?

旅游劳模 践行剧场

待客如亲，温情服务让张家界山水更迷人——袁谋文

袁谋文是张家界武陵源风景名胜区和国家森林公园管理局门票管理中心吴家峪经营部部长，2018年荣获"全国五一劳动奖章"，2020年获评"全国劳动模范"称号。

吴家峪门票点是张家界武陵源景区最大的游客接待地，峰值时一天的游客达8万余人。2007年开始，袁谋文就在这里先后担任售票员、验票员、咨询员等，用饱满的热情和真诚的微笑服务游客，把游客当成亲人，让张家界这片山水更显迷人。

2018年"五一"假期的一天，袁谋文无意间发现，一位50岁左右的中年男子和一位满头白发坐在轮椅上的老人在游客大厅逗留了40多分钟。上前一打听才得知，两人是母子，90岁的老母亲因双腿瘫痪只能坐轮椅，想到进山不便，便让同行的其他亲人进山游玩，他们母子俩则在原地等候。"来张家界旅游是老人的心愿，都到了门口，不进去怎么行？"向领导汇报后，袁谋文开来自己的车，陪同这对母子游玩了十里画廊、水绕四门等地势相对平缓的经典景点。一路上老人开心极了，在留言簿上写下了："张家界的山美、水美、人心更美。"

在吴家峪门票点，以她名字命名的党代表工作室——袁谋文党代表工作室已成立9年，共接待咨询服务5万余人次，处理各类问题及投诉1 000多次，处理投诉满意率达100%，还为粗心的客人找回丢失物品及挽回经济损失20多万元，成为各大景区学习的基地。

2022年10月16日，中国共产党第二十次全国代表大会在人民大会堂隆重开幕。当天，袁谋文和同事们一起集中收看了二十大开幕会实况，认真聆听了二十大报告。

"报告全面总结了过去十年党和国家事业所取得的历史性成就，全方位展示了这十年我国经济社会发展的新气象、新面貌，鼓舞人心，催人奋进，充满力量。"作为一名全国劳模、一线员工，袁谋文表示，在今后的工作中，她将继续提升自己的能力，解决好游客所需、所求、所难，创新服务理念，以身作则，发挥劳模精神，甘于奉献，坚守初心，在平凡的岗位上再创新的成绩。

（资料来源：湖南日报，2022-10-20. https://baijiahao.baidu.com/s?id=1747203037708000095&wfr=spider&for=pc）

第三节　旅游业

一、旅游业的概念

旅游业是指为旅游的主体、旅游者与旅游的客体、旅游资源之间有机联系提供服务条件的中介。其本质是沟通旅游者与旅游资源之间的桥梁或媒介。

从现代旅游角度来考察，旅游业是由旅游设施和各种专业人才构成的能为旅游活动提供各种服务的整个服务体系。旅游设施包括旅游基础设施和旅游服务设施。旅游基础设施是指直接或间接为发展旅游业提供基础条件的公共设施，而旅游服务设施是指专门为旅游活动服务的基本设施和设备。旅游业还包括导游服务、饭店服务、购物服务。

旅游业是一个以旅游资源为依托，以旅游设施为条件，以出售劳务为特征的经济性产业。

旅游资源、旅游设施和旅游服务是旅游业经营管理的三大要素。

二、旅游业的性质

（1）旅游业是一个重要的经济行业，它的本质属性就是经济性。首先，旅游业就是社会经济发展到一定阶段的产物，建立在一定经济发展水平之上，没有一定经济发展水平做保证，就不可能产生旅游需求与旅游供给。其次，旅游业由各种大小不同、地点不同、性质不同、组织类型不同、服务范围不同、提供服务方式也不同的企业组成。这些企业直接或间接地为旅游者的旅游活动提供产品与服务，在满足游客物质文化需要的同时，从中盈利并力图通过经济核算，以获得最佳经济效益。许多国家已经把旅游业列为国民经济中的一项重要产业，并纳入经济社会发展的规划之中。最后，旅游业就是综合性经营的行业，它可以促使、带动与旅游有关的其他经济行业的发展，进而带动地区经济的发展，还可以增加外汇收入与促使货币的回笼。

（2）旅游业属于第三产业。旅游业生产旅游商品，并通过出售这些商品，获得经济效益。旅游业就是一种产业。

（3）旅游业具有文化性质。从消费角度看，旅游消费主要就是一种文化性消费，即旅游消费在构成上虽然离不开物质资料，但主要就是文化性、精神性资料。旅游者通过支付一定的金钱与时间从事旅游活动，其动机是为了获得一种物质文化享受，满足其较高层次的心理需求。旅游者在食、住、行、游、购、娱等方面所付出的消费，其本质就是文化消费，如旅游者欣赏名山大川、了解文物古迹、体验民俗风情、品尝美味佳肴、感受旅游乐趣，都是文化消费行为。旅游业就是以生产与制造能满足这种旅游消费需要的产品为己任，并通过与旅游消费者的交换而获得经济效益。旅游经营者向旅游者提供具有一定文化内容的、有特色的产品与优质服务，满足旅游者的需求，帮助旅游者实现完美的旅游愿望，同时表现了旅游目的地所在国家或地区的文化发展水平。因此，旅游业既是经济产业，又是文化事业，而且对社会文化的发展起着一定的推动与促进作用。

三、旅游业的特点

旅游业在国民经济中的地位越来越高，它除了具有经济产业的特性外，与其他产业相比，特别是与制造业相比，还具有以下特点。

（一）综合性

旅游活动以游览为中心内容，人们为了实现游览的目的，还必须在食、住、行、游、购、娱等方面进行消费，所以旅游活动就是一项综合性的消费。旅游业作为旅游主体与客体之间的桥梁，要提供包括食、住、行、游、购、娱等方面的一体化服务，提供多种多样的旅游产品，以满足旅游者多样化的旅游需要。这决定了旅游业的产品就是众多企业共同作用的产物。这些不同类型的企业，按照传统产业划分标准，分别属于若干相对独立的行业，但为旅游者提供产品与服务的业务纽带将它们联系在一起，形成旅游业内部各企业间的横向联系。随着旅游活动不断向深度、广度进一步发展，旅游业综合性的特点会越来越显著。

（二）服务性

旅游业就是以出售劳务为特征的服务性行业，它向旅游者提供的产品就是固定有形的设施与无形的服务，使游客得到物质享受和精神满足，其中以无形的服务产品为主，有形设施与产品就是旅游业为旅游者服务的依托与手段。旅游业的各个组成企业分散在不同地点，以不同的方式，借助不同的服务载体向旅游者提供不同内容的服务。

（三）外向性

旅游活动具有异地性、流动性的特点，旅游就是跨地区、跨国界的广泛的人际交往活动，为旅游活动服务的旅游业所生产的产品是提供给来自各国、各地的旅游者的。旅游业开展各项业务的过程需要参与国内、国际旅游市场的竞争。旅游业在经营中不仅要完成创收、创汇任务，还要促进各国、各地区人民相互交往，增进人民间的友谊与了解。旅游业的外向性要求其必须根据市场的需要进行旅游产品的生产、组织与营销活动，开展跨区域、跨国界的合作，尊重各国、各民族人民的宗教信仰与生活习俗，特别是在国际旅游工作中，要维护国家的声誉，促进国际间的友好往来。

（四）连带性

旅游业通过满足旅游者在旅游活动过程中多方面、多层次的需要，达到盈利的目的，其间涉及许多相关行业，这决定了旅游业的连带性。满足旅游者多重需要这一纽带把众多不同类型的企业联系到一起，各自提供能满足旅游者某一方面需要的产品。随着旅游社会化程度的提高，旅游业各相关企业出现了连带集中的趋势，具体表现为横向联合与纵向联合的方式。横向联合是指旅游业同一类型企业不同经营单位之间的合作，纵向联合是指与旅游业相关的不同类型企业之间出于经营上的目的，相互达成协议进行合作。旅游业的连带性特点说明旅游业中任何一个相关环节脱节，旅游业经营活动就难以正常运转。

（五）敏感性

旅游活动的发展历程与旅游业的各种特性表明，旅游业的发展必然受到多种内部、外部因素的影响与制约。内部因素是指业内组成部分之间以及有关的多种部门、行业之间的比例关系的协调，外部因素是指各种自然、政治、经济与社会因素。这些因素产生的影响使旅游业在某一特定时期或地区内有很大的波动，不论是旅游客源地还是旅游接待地的各种微小变化，都会在较大程度上对旅游需求发挥作用，从而增加旅游业经营的不稳定性。这使得旅游业的微观经营与总体发展都具有较大风险，旅游业各组成企业要不断改进经营、调整产品、创新业务，增强抵御风险的基础与应变能力。

> 问题引导：在旅游过程中，应如何保障食、住、行、游、购、娱六大方面的需求？
>
> _____
> _____
> _____

四、旅游业的影响与作用

（一）旅游业在社会劳动就业中的影响与作用

旅游业是一个劳动密集型的行业，也是一个跨地区、跨行业的综合性产业。旅游业的发展必然能为全社会提供更多的间接就业岗位。

（二）旅游业在国民经济发展中的影响与作用

1. 旅游业对社会经济的积极影响

促进整个国民经济发展，增加国民收入。

（1）直接作用——换取外汇，回笼货币。换取外汇的途径：一是对外贸易外汇收入，二是非贸易外汇收入。我国换取外汇的主要渠道是贸易出口、劳务输出、侨汇和国际旅游接待等。其中，旅游换取外汇更具有其特殊的优越性，可以节省商品出口时的运输、转口、关税、保险等费用。

积极发展国内旅游是回笼货币、稳定市场的有效途径。

（2）间接作用——带动国民经济各部门各行业的发展。被带动的行业中特别是与旅游关系密切的外贸、民航、建筑业所受的影响最大。同时，旅游业的发展还会不同程度地促进地方经济的发展，提高区域经济水平。旅游业还具有扶贫的作用。

2.旅游业对社会经济的消极影响

（1）投入资金过多，长期难以收回投资成本，直接造成经济损失。

（2）因建造饭店、旅游商场和娱乐场所占地过多，使可耕农田面积减少而影响农业的发展。

（3）旅游热点城市因大量旅游者的涌入，给接待地的商品供应带来压力，引起物价的普遍上涨，影响居民生活。

（三）旅游业对文化教育的影响与作用

（1）旅游业是科学文化交流的纽带。

（2）旅游业促进文化教育事业的发展。我国的旅游教育起始于1978年，旅游业的发展也会对接待国（地）的文化产生某些负面效应。例如，某些少数民族地区，古老的民族习惯已有慢慢消失的趋势，接待地的一些传统文化（如民俗节日、宗教仪式）已逐渐变成纯商业性的娱乐方式，从而失去其固有的民族韵味和风格。

（四）旅游业对社会的影响与作用

1.旅游业对社会的积极影响与作用

（1）有助于改变传统观念和社会意识。不同阶层、职业、信仰和年龄的旅游者彼此的联系和沟通，有助于改变传统观念和社会意识。

（2）有助于文明的传播和良好社会风气的形成。

2.旅游业对社会的消极影响与作用

消极影响主要表现为对社会意识方面的污染，即随着国际旅游业的发展，将给接待国（地）的道德观念、价值观念、政治信仰乃至生活方式等带来某些消极后果。

（五）旅游业对自然环境的影响与作用

（1）旅游业的发展促进自然环境的美化与保护，致力于环境的整治、修缮、美化，如修复文物古迹，增加各种基础设施和服务设施，搞好环境卫生，防止"三废"污染，维护生态平衡，促进旅游资源优化配置，避免建设性破坏和破坏性的建设。

（2）旅游业的发展加速自然环境的污染和破坏，对旅游资源开发不当或失误，使生态环境趋于恶化；大量旅游者的涌入，排放的各类废弃物超过环境自净能力而造成环境污染；大量旅游者的接触或不文明行为对风景、文物造成破坏。

措施：加强管理，注意防患，争取旅游业发展与环境保护相协调，实现经济效益、社会效益和环境效益相统一。这是一个国家（地区）旅游业发展成功的标志，也是人类所关注的旅游与旅游业可持续发展的焦点。

> 问题引导：作为一名旅游从业人员，应肩负什么样的责任？

旅游劳模 践行剧场

从"打工妹"到"名导游"——谭桂英

"我一直生活在大山里，做着最基层、最普通的工作，这是第一次走进人民大会堂，能亲耳聆听习近平总书记的讲话，我感到非常激动，也深切感受到肩上所承担的责任。"日前，湖北恩旅集团大峡谷公司导游谭桂英同志荣获"全国劳动模范"荣誉称号，在人民大会堂接受表彰。会后她表示：在今后的工作中，将以此为新的起点，用这份荣誉来鞭策自己、激励自己，更加勤奋工作，尽心尽力做好每一件事，为家乡的旅游事业添砖加瓦！

谭桂英自2008年进入恩施大峡谷景区工作以来，把自己的一切融进了大山，成为恩施大峡谷的守护者与传播者。

十几年来，她一直坚守本心，秉承"把企业当家，把游客当亲人"的企业精神，倾注全力，精心为游客服务，春夏秋冬、寒来暑往，她每天穿上民族服饰，如蝴蝶般穿梭于恩施大峡谷的山水之间，唱土家山歌，讲峡谷故事，用自己的青春擦亮了恩施大峡谷这张名片。

从"打工妹"到"名导游"

2006年，蓬勃发展的旅游春风吹进了谭桂英的家乡，恩施大峡谷景区启动开发，外出打工的人渐渐回归，她也随着这股归乡的潮流回到了家乡，开始了她的导游路。

2009年，她成为一名景区讲解员，对于性格内向的她来说，这个新的开始是艰难的。为了练习胆量，她每天回家就在家里放开嗓子唱歌，在家人面前讲导游词；为了丰富自己的知识，她还向附近的老人虚心请教，了解本地的历史……

随着景区的名气越来越大，服务的游客越来越多，她发现自己深深爱上了导游这个职业，于是她下定决心要考取导游证。经过几年的努力，2011年谭桂英通过了国家级导游考试。2012年，景区成立导服组，她从一名"无家可归"的"野导"变成了一名正式导游。

如今，在组织的关心培养、团队的支持帮助下，她从一名普通的导游成长为导服组副经理。期间，她先后参加了恩施市、恩施州、鄂旅投总部等各层级导游比赛，先后获得"恩施优秀导游""最佳讲解奖""十佳导游""金牌导游"等奖项，并获"湖北省劳动模范""全国旅游系统劳动模范""荆楚楷模"等荣誉称号。

不忘初心，继续向五湖四海的游客讲好峡谷故事

在生活中，谭桂英还是一位充满爱心的女子。2015年，她向当地小学贫困学生捐赠4 000余元用于购买文体用品。在工作之余，她经常关心孤寡老人和留守儿童。

作为党员的她，一直在思考如何用山歌的形式来帮助宣传疫情防控。很快，谭桂英完成了一首以恩施民歌《六口茶》为蓝本改编的抗疫情版《六口茶》山歌。整个歌词包含疫情防控工作及防控知识，不仅通俗易懂，而且朗朗上口、易于传唱。创作完成后，谭桂英还和家人一起进行抗疫情版《六口茶》视频录制，随后上传至各大直播平台进行宣传推广，并在当地微信群、朋友圈里广为传播，对积极引导大家共同做好疫情防控工作起到了很好的宣传效果。

此外，她带领导服组全体人员开启全员营销模式，利用自媒体平台宣传景区文化。2019年8月1日成立"峡谷小新"先锋队，将党建与营销相结合，发动景区员工们注册自媒体账号，共推作品，形成"党建+营销"强大的舆论气场，让更多的人了解恩施、走进恩施。

利用业余时间，谭桂英完成了恩施大峡谷景区导游词第三版的撰写。导游词共计18 700多字，分别从民风民俗、自然风貌、地质形成等方面丰富导游解说词的内容，让游客来恩施大峡谷景区不只是观光旅游，还能从旅游中学知识、长见识，为接待研学旅行团奠定了基础。

作为土生土长的峡谷人，谭桂英见证了大峡谷景区的发展，也很庆幸在这条路上留下了自己的足迹。她说："景区这里有我们土苗文化、地质文化、山水文化、脱贫故事等，讲好峡谷故事可以提高恩施大峡谷的影响力，也有利于游客形成对恩施大峡谷的全新认识。"新时代，她将继续不忘初心，用游客听得到、听得懂的方式讲好恩施故事，唱好恩施山歌，把峡谷的山山水水、民族文化讲给来自五湖四海的游客，将劳动最美丽、劳动最光荣的理念贯穿工作始终。

（资料来源：人民网—湖北频道，2020-12-03. http://hb.people.com.cn/n2/2020/1203/c194063-34454690.html）

归纳总结

章节名称：		日期：
专业：	班级：	姓名：

<table>
<tr><td>

索引区域

请对本章节所学内容进行要点提炼。

</td><td>

笔记区域

记录本章节中的重点、难点和中心思想，对未掌握部分进行梳理。

</td></tr>
<tr><td colspan="2">

总结区域

请对本章节所学内容进行归纳总结。

</td></tr>
</table>

课后测试

课程名称	旅游概论	专业	
学习任务	第三章　旅游活动的基本要素	班级	
学习内容	1.旅游者 2.旅游资源 3.旅游业	姓名	

码上刷题

1. 构成旅游活动的基本要素是什么？各有什么不同的功能？

2. 什么是旅游者？旅游者的产生需要什么条件？

3. 旅游者有哪些类型？其基本要求是什么？

4. 什么是旅游资源？其开发的原则是什么？

第四章 旅游业的构成

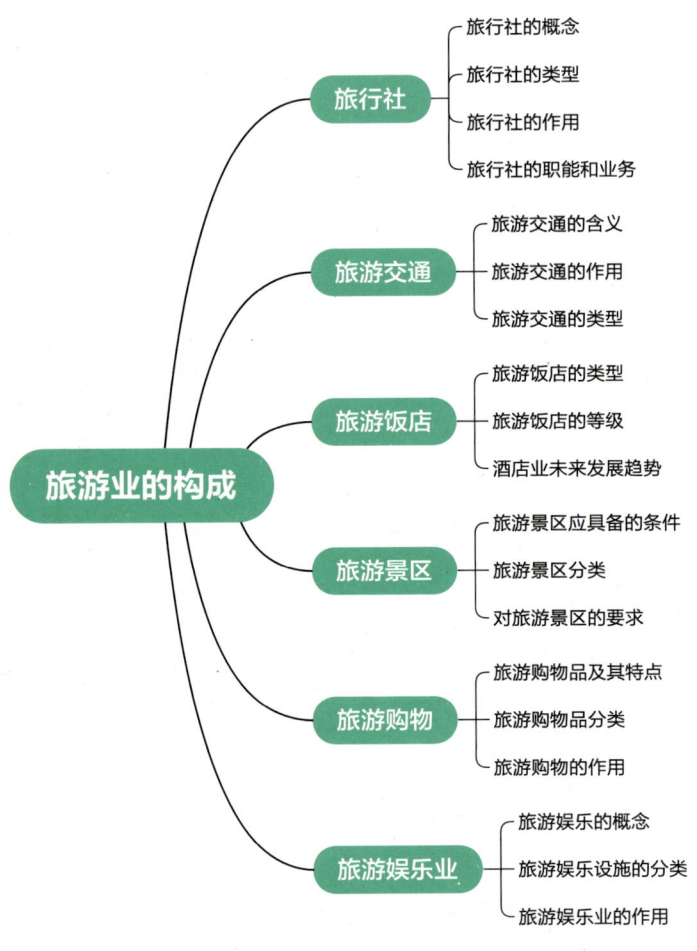

学习指南

◎ 知识目标：了解旅游业的构成及其作用；掌握旅行社、旅游交通、旅游饭店、旅游景区、旅游购物的基本概念和类型；熟悉旅行社产品的开发、销售，饭店集团化经营及绿色饭店创建，旅游景点的质量等级评定，旅游商品的特点及其开发。

◎ 能力目标：能够综合运用相关知识，模拟旅行社设立、旅游饭店等级评定、A级旅游区评定、旅游商品开发；能够运用已学的知识设计一个包价旅游产品。

◎ 德育目标：提升专业认知度，进一步培养良好的专业素养。

第一节　旅行社

一、旅行社的概念

旅行社是指以营利为目的，从事旅游业务的企业。其中旅游业务是指为旅游者代办出境、入境和签证手续，招徕、接待旅游者，为旅游者安排食宿等有偿服务的经营活动。旅行社的营运项目通常包括各种交通运输票券（如机票、巴士票与船票）、套装行程、旅行保险、旅行书籍等的销售，国际旅行所需的证照（如护照、签证）的咨询代办。最小的旅行社可能只有一人，最大的旅行社则全球都有分店。从旅行社中衍生的职业有领队、导游、票务员、签证专员、计调员（旅游操作）等。经营旅行社要持有效牌照，并且必须是某指定旅行社商会的会员才能经营旅行团，带团旅行。

旅行社是为适应旅游活动的大众化、社会化的需要而出现和发展的，工业革命的成功为其奠定了物质基础。它的产生标志着旅游活动商品化的完成。

二、旅行社的类型

（一）境外旅行社的分类

目前，国际上旅行社的种类很多，大致可分为以下3类。

1. 旅游批发商

旅游批发商也叫批发旅游经营商，主要从事组织和批发包价旅游业务。它与饭店、交通运输部门、旅游景点及包价旅游所涉及的其他部门签订协议，预先购买这些服务项目，然后根据旅游者的不同需求和消费水平，设计出各具特色的包价旅游产品，通过旅游零售商在旅游市场上销售。

2. 旅游经营商

旅游经营商既组织和批发包价旅游，又兼营零售业务。一方面向零售商批发其包价旅游产品，另一方面直接将其包价旅游产品向公众销售，招徕旅游者，组织旅游活动。

3. 旅游零售商

旅游零售商亦称零售代理商，是旅游批发商和旅游者之间的联系纽带。其主要业务是代理批发商招徕、组织旅游者，并为旅游者提供接待服务，由旅游批发商根据其销售额支付佣金。

除此之外，世界其他国家和地区的旅行社也有不同的类别划分。例如，日本的《旅行业法》将日本的旅行社划分为一般旅行业、国内旅行业和旅行业代理店3种不同的类型。

（二）我国旅行社的分类

我国旅行社按照经营业务范围，分为国际旅行社和国内旅行社两类。

1. 国际旅行社

国际旅行社的经营范围包括入境旅游、出境旅游和国内旅游业务。其具体经营业务如下：

（1）招徕外国旅游者来中国，香港、澳门、台湾同胞来内地（大陆）旅游，为其代理交通、游览、住宿、饮食、购物、娱乐事务及提供导游、行李等相关服务，并接受旅游者委托，为旅游者代办入境手续。

（2）经中华人民共和国文化和旅游部批准，组织中华人民共和国境内居民到外国和香港、澳门、台湾地区旅游，为其安排领队、委托接待及行李等相关服务，并接受旅游者委托，为旅游者代办出境及签证手续。

（3）经中华人民共和国文化和旅游部批准，组织中华人民共和国境内居民到规定的与我国接壤国家的边境地区旅游，为其安排领队、委托接待及行李等相关服务，并接受旅游者委托，为旅游者代办出境及签证手续。

（4）招徕我国旅游者在国内旅游，为其代理交通、游览、住宿、饮食、购物、娱乐事务及提供导游、行李等相关服务。

（5）其他经中华人民共和国文化和旅游部规定的旅游业务。

2. 国内旅行社

国内旅行社是指其经营范围仅为国内旅游业务的旅行社。其具体经营业务如下：

（1）招徕我国旅游者在国内旅游，为其代理交通、游览、住宿、饮食、购物、娱乐等事务及提供导游等相关服务。

（2）接受旅游者的委托，为其代购、代订国内交通客票，提供行李服务。

（3）其他经中华人民共和国文化和旅游部规定的与国内旅游有关的业务。

无论是国际旅行社还是国内旅行社，都有组团旅行社和接待旅行社之分。我国多数组团旅行社同时又是接待旅行社，而一些规模较小、缺乏有经验的外联人员的旅行社则仅限于接待业务，通常称为地接业务。

组团旅行社简称为组团社，是指接受旅游团（者）或海外旅行社的预定，制定和下达接待计划，并可提供全程陪同导游服务的旅行社。

接待旅行社简称为接待社或地接社，是指受组团旅行社委托，按照接待计划委派地方陪同导游人员，负责组织安排旅游团（者）在当地参观游览等活动的旅行社。

中国加入世界贸易组织后，这种分类方式出现了一些新的变化，具体可分为3种类型的旅行社，即除上述两类旅行社外，还有外商投资旅行社。

> 问题引导：如何了解一家旅行社的类型？

三、旅行社的作用

（1）有利于旅游服务产品的销售。旅行社作为旅游业的重要销售渠道，通过向旅游者销售各种旅游服务产品，可以帮助其他旅游服务供应部门或企业解决产品销售方面的困难。

（2）帮助旅游者实现旅游消费愿望。这个作用主要体现在3个方面：保证旅游活动顺利进行；减轻旅游者的经济负担；提高旅游服务质量。

（3）促进旅游目的地经济的发展。增加经济收入和外汇收入，增加就业机会，增加政府税收（营业税、所得税、入境签证费、商品海关税、机场税等），平衡地区经济发展。

（4）增进旅游客源地与旅游目的地人们之间的了解。

（5）推动各国和各地区之间的科学文化交流。

四、旅行社的职能和业务

国际上通常把旅行社、旅游饭店和旅游交通作为发展旅游业的三大支柱，我国的旅行社还是建设社会主义精神文明的一个重要窗口，因此有计划、有控制地发展旅行社，对于保证旅游事业的健康发展至关重要。旅行社应把"游客第一、服务第一、信誉第一"作为自己的经营宗旨，树立良好的职业道德，为游客提供礼貌、热情、周到、安全的服务。

（一）旅行社的职能

1. 生产职能

旅行社按旅游业务要求对部分产品进行设计、组合，制订出整体的旅游计划，落实路线、交通工具、食宿、游览节目等一系列服务。对旅游者来说，只有旅馆而没有车辆，有了车辆而没有线路安排，有了路线而没有导游服务，都不能实现较理想的旅游。在整个食、住、行、游、购、娱的过程中，旅行社把那些单独分散的劳务和商品综合、加工，才能使之变成旅游者需要的产品，即产生交换价值和商品价值。可见，旅行社确实具有生产职能。

2. 提供信息的职能

旅行社通过销售和服务，对旅游者的爱好、要求和意见等有了全面的了解，对旅游胜地的设施、服务质量、土特产品、餐厅质量等也有了全面的了解。这些信息可以提供给旅游业同行，促进合作；可以提供给旅游者，使他们做出更好的选择。

3.组织协调的职能

旅行社将旅游产品（如旅游票）出售给旅游者后，并不意味着工作结束；相反，意味着许多组织协调工作的开始。旅游全过程的交通、食宿、游览、娱乐、购物等，都要旅行社仔细周密地组织协调，才能保证旅游者顺利、安全、舒适地享受外出游览的乐趣。

4.促进地区经济发展的职能

旅游是一项综合性的系统工程，发展旅游业能带动各行各业的发展。旅行社所组织的旅游活动，必然带动包括交通、民航、饭店、餐饮、商业、娱乐、保险、教育等一系列有关行业的发展；对社会工、贸、农、科、教、文各界乃至全国各地联系交往，可以发挥职员的先导作用、服务作用、桥梁作用。如上海近几年来，各旅行社所组织的旅游活动明显地促进了江、浙、皖等区域的交通、餐饮、商业、娱乐等各行各业，使之取得显著的经济效益。

（二）旅行社的业务

1.从经营范围划分

旅行社根据资质不同，其业务范围也不同。组团社的业务范围是最广的，包括出境业务（只要是对中国开放旅游目的地的国家，都可以办理出入境业务）、入境业务、国内旅游业务；非组团社的业务范围则只能办理入境业务和国内业务。

2.从资质范围划分

旅行社的业务包括出境游、入境游和国内游，实际提供的服务则有以下几种。

（1）采购业务。旅行社涉及合作方很多，所以有采购业务。具体的采购业务包括住宿采购、餐饮采购、交通工具采购、票务采购、景区景点门票采购等。

（2）预订业务。接团和发团都需要事先预订。

（3）设计编排旅游线路业务。此业务是旅行社基本业务的核心。无论是接团还是发团，都要有具体接待或出团的线路行程，线路行程的好坏是团队旅游能否成功的关键。

（4）实际接待业务。无论是接团还是发团，其实际接待业务都是指旅游团具体实施事先约定的线路行程。这个环节的关键是旅行社与各方的对接，此时工作在一线的导游（或领队）和司机来做具体服务，该服务是整个行程的最后环节，非常重要，同时要以事先编排的线路行程是否合理、具体服务是否到位、游客是否满意为标准。

（5）旅行社提供单项服务业务。如预订酒店业务、提供接送业务、提供订车业务、提供导游业务等。

旅游劳模 践行剧场

全心全力服务　旅游行业的探路者——徐桥清

徐桥清，1997年毕业于邵阳师专商贸英语专业，毕业后的他在广东从事过英语教学工作，在南海一企业从事过英语翻译工作，最终他决定放弃在外高薪工作的机会回到家乡崀山，在湖南崀山旅行社从事导游工作。

徐桥清说："在大学读书的时候，我们学校的外教就经常对我们讲，你们的北京、西安多么好，张家界、桂林多么美。作为一个中国人，我一个地方都没去过，所以在那个时候我就萌生了一种做旅游的想法。在外面工作的时候，虽然工资条件比我当时在新宁从事这个旅游行业要高得多，我个人觉得它只能体现一种价格，但不能体现自身价值，所以我就毫不犹豫地回来从事这个旅游行业。"

自2005年以来，徐桥清一直任新宁县旅游协会旅行社分会会长，2011年至今，他被新宁县人民政府聘为"新宁县人民政府行政决策专家咨询组成员"。从业的20年间，他所在的单位先后被评为三星级旅行社、县级优秀旅游企业、邵阳市A类旅行社、湖南旅游价格诚信示范单位，在邵阳旅游地接业务量一直名列前茅。

徐桥清说："荣誉只能说明我们的过去，对于将来，我们会更加努力，尤其是带领我们这个团队。现在旅游的竞争会越来越大，竞争价格是一个方面，更重要的是质量，所以后期团队的打造、企业文化的打造是我们下一步的着力点，在这些方面去下功夫。我相信通过我们的努力，我们的未来会更好。"

2013年，徐桥清和他的团队创办了新宁县崀山红国际旅行社，期间他发挥自己的英语专业优势，共接待外宾300多批次，共4 000余人。在崀山申报世界自然遗产过程中，他接待了IUCN专家吉姆·桑赛尔、克里斯·伍德、保罗·丁沃尔等一大批知名国际地质专家，陪同申报中国丹霞世界自然遗产的黄进、彭华、梁永宁等专家、教授考察崀山，接待多批次政府行政接待团及旅行社同行踩线团，为崀山申报世界自然遗产工作做出了努力。

徐桥清说："作为我们旅游人来讲，我个人认为，通过自己的努力，把一个市场开拓出来，把大量的客户引流到我们的邵阳来，刺激我们当地的旅游经济的发展，这个时候的自豪感也是比较强的。"

2020年春节前夕，一场突如其来的新冠疫情汹涌而至，并短时间蔓延至全国各地。对广大中小旅行社从业者来说，困难说来就来，生存成了必须面对的最迫切的问题。俗话说，信心比金子宝贵！越是艰难的时刻，越要保持信心，积极应对。面对突如其来的疫情，徐桥清没有在家坐以待毙，而是积极面对困难，他尝试用不同的手段和办法带领团队走出困境。

他利用新媒体"抖音"建立公众号,自己策划各类以崀山旅游为背景的小视频,利用新媒体博得大众关注,为旅游复苏和市场爆发做好充足的准备。

徐桥清说:"今年的疫情对我们的行业影响非常大,最主要的是在很长一段时间内团队相对比较少,疫情最重要的影响体现在我们员工队伍的稳定方面,因为团队比较少的话,导游的收入相对就偏低,那么如何留住导游,利用这个疫情期间来提升他们的素质是我们旅行社需要关注的一件事情。我们在疫情期间主要是通过两种方式来解决这个事情:第一种方式是通过组织各种培训,主要是网上的培训,来提高他们的业务素质;第二种方式是关注抖音,这在我们旅游宣传方面起到了一个至关重要的作用,所以我们就组织了旅行社的员工,用不同的模式,以一种喜闻乐见的方式,从不同的层面去体验、去反映我们崀山的美景,从不同的角度去进行宣传。所以,目前大家对抖音这一块倾注了很多的精力,这转移了他们的视线,同时也提升了他们宣传崀山的能力。"

(资料来源:澎湃新闻,2020-06-20. https://www.thepaper.cn/newsDetail_forward_7919606)

第二节 旅游交通

一、旅游交通的含义

旅游交通是指旅游者为了实现旅游活动,借助某种交通工具,实现从一个地点到另一个地点之间的空间转移过程。它既包括旅游者的常住地和旅游目的地之间的往返过程,又包括旅游目的地之间、同一旅游目的地内各旅游景点之间的移动过程。一般认为,旅游交通应理解为旅游者在暂时逗留地和游览地之间的往返运输。

旅游交通具有综合性、区域性、季节性和替代性的特点。

(1)综合性。旅游交通是由公共交通和专业性的旅游交通共同构成的。

(2)区域性。旅游交通线路是根据旅游者的流向、流量等形成的,旅游的区域性特点决定了旅游交通的区域性。

(3)季节性。旅游活动呈现明显的季节性,即旺季、平季和淡季。

(4)替代性。各种交通工具之间存在的替代性,也表现为同一种交通工具不同档次之间存在的替代性。

旅游业的发展对交通的基本要求非常高,主要体现:各种交通工具可载旅游者总量应当同往返在旅游者常住地与旅游地的总人数相适应,客运总容量要略大于旅游者总量;各种类型的交通工具的载客量要和旅游者对交通工具的不同要求相适应；交通运行的方向要和旅游者的流向相适应。

二、旅游交通的作用

交通是旅游业发展的前提和基础。交通运输工具既是交通客运业发展的集中体现，又是旅游业发展的重要保证。

（1）旅游交通是一个地区旅游业产生和发展的先决条件，一个地区的旅游交通完善，才可以让这个地区的旅游业产生和发展。

（2）旅游交通是旅游地社会经济发展的重要推动力，旅游者在交通旅行上花费的时间越少，对旅游地整体质量的评价就越高。

（3）旅游交通是旅游业稳定而重要的收入来源，交通旅行费用是旅游活动中主要的支出费用之一。

（4）旅游交通是旅游活动的重要内容，旅游以旅行为基础，交通沿途的风景也是旅游的重要内容，交通服务质量的好坏对旅游费用支出的多少、旅游者情绪的好坏有直接的影响。

三、旅游交通的类型

现代旅游交通主要包括航空交通、铁路交通、公路交通、水运交通和特种旅游交通5种类型。

（一）航空交通

飞机是远程旅游中最主要的运载工具，也是现有主要的旅游交通方式中最新的方式。一个国家或地区航空运输的能力和机场的吞吐量往往能反映该地国际旅游业的发展水平。目前，航空交通分为定期航班服务和旅游包机服务。定期航班服务是民航按照已对外公布的航班时刻表飞行的民航服务；旅游包机服务是一种不定期的航空包机服务，可按照旅行社的要求安排时间和路线。

1. 航空交通的优点

（1）快速省时，能大大缩短在途时间（飞机的平均时速比火车高6～7倍），而且飞机可选择两点间最短的航线。

（2）安全舒适，乘飞机能看到平时很难看到的空中和地表景观，飞机起降时的速度也能给人以特殊而愉快的感觉。

（3）灵活性大，飞机航行不受地面障碍物影响，也不受因自然和人为的原因导致的道路阻断的影响，可以到达其他交通工具难以到达之地。

2.航空交通的缺点

（1）票价高，会增加旅行成本。

（2）航班易受天气的影响，易导致旅游计划的变更。

（3）机场离中心城区和旅游景点较远，因此飞机一般不能独立完成旅游交通运输，需要与其他交通工具配合。

（二）铁路交通

铁路交通是最重要的旅游交通运输方式之一。

1.铁路交通的优点

（1）价格相对低廉，能有效降低长途旅行的成本。

（2）安全系数高。

（3）列车的计划性较强，车次和运行时间较为稳定，列车出行不易受天气的影响，行程安排较有保障。

（4）载客量多，能满足大团队集体出行的需要。

（5）可观赏沿途风光。

2.铁路交通的缺点

（1）行程要受铁路线和列车运行时间表的限制，不够灵活。

（2）部分列车速度较慢，长时间乘坐易使人疲劳。

> ### 流动中国，充满温度与活力
>
> 　　翻开中国地图，从白山黑水到彩云之南，从中原腹地到江海之滨，正在被高铁更加紧密地连接起来。中国高铁如同一条条生机勃发的"大动脉"，用速度重新定义时间，用连通不断改写空间。逢山开路、遇水架桥的传奇，绘就新时代铁路发展的新画卷。
>
> 　　速度提升，让生活选择更加丰富。2008年，第一条设计时速350千米的高速铁路京津城际铁路建成运营。十几年后的今天，"四纵四横"高铁网全面建成，"八纵八横"高铁网正在成型，高铁覆盖了全国92%的50万人口以上的城市。纵横之间，有"一日看尽江南景"的诗意，有"京广一线穿南北"的壮阔，也有"通山达海越五岭"的豪迈……四通八达的高铁串点成线、连线成网，将一股流动的风吹向都市圈、城市群，"同城时代""双城生活"正向我们走来。
>
> 　　服务提升，让出行体验更加美好。曾经铁路出行，往往是购票大排长龙、上车摩肩接踵、

旅途漫长难耐。如今，动车组列车已承担铁路客运量的70%，复兴号动车组实现31个省（区、市）的全覆盖。网络购票在线选座、人脸识别快速进站、手机预订特色餐食……"说走就走"的高铁出行，不仅速度更快，而且服务更加细致周到。车窗外江山多娇、风景如画，车厢内宾至如归、其乐融融。"坐着高铁游中国"的流行，无疑是铁路服务升级的生动记录、真实写照。

不忘普惠，则让交通发展更有温度。全列贯通供氧系统的高原动车组开上青藏高原，让藏东南的湖光山色声名远扬，延伸的铁轨为当地发展注入动力；耐低温、耐冰雪的高寒动车组为最东端高铁成环补上关键一段，飞转的车轮给当地群众带来希望。截至2020年底，100多个原国家级贫困县结束了不通铁路的历史，198个县跨入高铁时代。巨变背后，一份为民情怀始终温热：全国现在仍有81对公益性"慢火车"低价运行。一列列"赶集车""求学车"，连接深山内外，满载生计、驶向希望。速度与温度成为中国铁路交通均衡发展的双重维度。

时间是变化的标尺，空间是更迭的参照，时空为证，见证了发展飞跃向前。中国高铁，从无到有，从引进、消化、吸收再创新到自主创新，如今已然领跑世界。俯瞰山河，"八纵八横"高铁主通道越织越密，这一道流动的中国风景、这一张亮丽的中国名片，正在更好更快地满足人民对美好出行的期盼，把交通强国的美好蓝图变成现实图景。

（三）公路交通

公路交通也是最主要的旅游交通方式之一，是最重要的中短途客运方式。

1. 公路交通的优点

（1）灵活、方便、自由，旅游者可以乘坐汽车去任何通了公路的旅游景点参观游览，而且能随时下车参观自己想参观的地方，基本上可以做到点对点，还能随自己意愿改变旅游线路。

（2）独立性强，基本可不借助别的交通工具。

（3）从事公路客运投资小、见效快。

2. 公路交通的缺点

（1）速度慢，不够舒适，乘车过久易使人疲劳。

（2）安全系数相对较低，事故率是几种交通运输方式中最高的。

（3）易受天气和路面状况的影响。

（4）运载量小，运输成本相对较高。

（5）汽车尾气和噪声易带来环境污染，这使得许多景点已禁止外部汽车入内。

现在，公路是我国最普及、分布最广泛密集的交通设施，成为我国经济社会发展的重要基础设施。公路运输也成为我国覆盖面积最广、通达深度最深、公益性最强的交通运输方式。同时，公路运输也是中短距离旅游中最受欢迎的交通运输方式，也是适应性最强的陆上运输方式。

国家高速公路的命名和编号

国家高速公路网路线名称按照路线起讫点的顺序,在起讫点地名中间加连接符"—"组成,全称为"××—××高速公路"。路线简称采用起讫点地名的首位汉字表示,也可以采用起讫点所在省(市)的简称表示,格式为"＜高速"。北南纵向路线以路线北端为起点,以路线南端为终点;东西横向路线以路线东端为起点,以路线西端为终点。放射线的起点为北京。

国家高速公路网编号由字母标志符(汉语拼音"G")和阿拉伯数字编号组成。首都放射线的编号为1位数,以北京市为起点,放射线的止点为终点,编号区间为G1—G9。

纵向路线按路线的纵向由东向西顺序编排,路线编号取奇数,编号区间为G11—G89。

横向路线按路线的横向由北向南顺序编排,路线编号取偶数,编号区间为G10—G90。

(四)水运交通

水运交通一般包括内河航运、沿海航运和国际航海运输等类型,其交通工具通常有普通客轮、豪华客轮、客货混装船和气垫船等。每种客轮又分别设有不同等级的舱位,供不同要求的乘客选用。

1. 水运交通的优点

(1)客舱空间往往较大,生活设施齐全,让人有悠闲舒适之感。尤其是一些大型的游船(又称邮轮),通常船体庞大,设备齐全,设施高档,休闲娱乐设施完备,适宜休闲度假。

(2)客运量大,价格较低。

(3)沿途可观两岸风光。

(4)其独特的水上航行方式,能给游客一定的新鲜感。

2. 水运交通的缺点

(1)速度太慢,时间长。

(2)受天气和水情的影响,准时性较差。

(3)受航道的影响,灵活性差。

水运交通的最大缺点是速度慢,正因为这一点,在常规的4种旅游交通方式(航空、铁路、公路、水路运输)中,水运是唯一的正在萎缩的交通方式。但是,在一些特定的水域风光景区(如长江三峡、漓江、千岛湖等),水运交通的作用仍是不可替代的。

（五）特种旅游交通

特种旅游交通是指除航空、铁路、公路、水运这些常规的交通方式外，为满足旅游者的某种特殊需要而产生的对旅游交通起补充作用的交通运输方式。

特种旅游交通一般有以下3种类型：

（1）为规范景区车辆管理、满足景区环保的要求而安排的专门交通工具，如观光车、电瓶车、渡船等。

（2）在景区的特殊地段，为节省游客的体力，保障游客安全而设置的交通工具，如缆车、索道等。

（3）带有游览、体验、娱乐、探奇性质的交通工具，如直升机、热气球、游船、竹筏、快艇、气垫船、独木舟、橡皮艇、羊皮筏子、乌篷船、溜索、轿子、马车、马、骆驼、驴子、大象、雪橇等。

旅游劳模 践行剧场

奋进新时代　劳模展风采——李红学

李红学，男，汉族，1972年5月出生，中共党员，大专学历，现任张掖七彩山旅游有限公司总经理。

李红学于2008年筹资成立了临泽县丹霞生态旅游开发有限公司，先后投资6 714万元，完成了景区基础设施建设，使景区初具通行通达和旅游接待能力，并于2013年成功创建为国家4A级旅游景区。公司做大做强的同时，他不忘造福当地群众，投资1 320万元为当地老百姓修渠3.5千米，修路10千米，修建大型桥梁一座；鼓励周边群众从事景区观光车营运、农家乐餐饮住宿等服务业，解决周边剩余劳动力务工6 000多人次，景区旅游业为当地经济收入增加400万元以上。同时，他不计个人得失，积极配合相关部门成立了张掖市丹霞文化旅游股份有限公司，完成丹霞景区经营权整合工作。他个人先后获"中国十大旅游风云人物""十佳青年创业先锋""十佳道德模范""临泽县优秀政协委员"等荣誉称号。

（资料来源：搜狐网，2020-04-30. https://www.sohu.com/a/392376245_120206627）

问题引导：请介绍一款旅行交通工具，并说明其优缺点。

第三节　旅游饭店

旅游饭店是指以有形的空间、设备、产品和无形的服务为凭借，在旅游消费服务领域从事生产和营销活动，具有法定独立性的经济实体。旅游饭店出售的产品就是服务，服务质量是旅游饭店成功的基础。旅游饭店的设施设备水平是衡量其服务质量和管理水平的重要标志，但是衡量其管理是否成功的唯一标准，则是旅游饭店对这些设施设备的维护保养水平和所提供的服务产品给旅游者留下的印象。

一、旅游饭店的类型

（一）根据旅游饭店的功能分类

1. 观光型旅游饭店

世界各地的旅游观光城市和游览区中建立了大量这种类型的饭店。观光型旅游饭店的设施和服务要突出观光旅游客人的需求特点：既要价格便宜、经济实用，又要美观舒适、服务周到；既要在餐饮口味上照顾客人的习惯，又要使客人能够了解到当地的传统特色饮食；既要保证客房设施舒适、整洁、美观、安全，又要突出饭店建筑、设施和服务的民族特色、异国风格，这样才能使饭店对观光游客富有吸引力。

2. 商务型旅游饭店

商务型旅游饭店通常建于大、中城市的中心地区，一般拥有多功能智能化的商务会议中心、各类会议厅室、商务套房、行政楼层、商务办公设备等。客房以单间和套房为主，配备笔记本电脑外置接口等；餐饮设施和项目完善，有西餐厅、宴会厅、酒吧和风味餐厅等；康乐设施完备，供客人健身、美容、娱乐等。这类旅游饭店的服务质量和服务水平比较高，讲求服务效率，强调餐饮和康乐的服务产品质量。

3. 度假型旅游饭店

度假型旅游饭店通常建于海滨、湖畔、山区、温泉、森林、海岛、风景名胜等地。为了适应旅游市场的需要，现在也出现了度假型与商务型旅游饭店相结合的趋势，成为现代饭店发展的方向。这类旅游饭店的选址和所提供的服务项目的吸引力是其成功与否的关键。这类旅游饭店的经营难点是难以避免的季节性和时间性。

4. 会议型旅游饭店

会议型旅游饭店通常建于政治、经济、文化中心等大都市或者交通方便的旅游胜地。这类旅游饭店的会议接待质量、接待服务效率是保证其经营成功的关键。

5. 长住型旅游饭店

长住型旅游饭店以接待驻当地的商务机构办事人员、度假客人与家庭为主，客人在店的住期较长，甚至可以长久居住。饭店与客人签订一个租约，约定租期、租金付款方式、续租条件等。这类旅游饭店多采用家庭式布局，客房以套房为主。

6. 汽车旅游饭店

汽车旅游饭店以接待驾车旅行者为主，通常建于国家级公路干线旁和交通要道上。

（二）根据旅游饭店的规模分类

旅游饭店按规模主要分为小型旅游饭店、中型旅游饭店、大型旅游饭店和超大型旅游饭店，各自对应不同的住宿客房数量，见表4-1。

表4-1　按规模大小划分的旅游饭店类型

分类	住宿客房的数量/间
小型旅游饭店	100～300
中型旅游饭店	300～500
大型旅游饭店	500～1 000
超大型旅游饭店	1 000以上

二、旅游饭店的等级

不少国家对饭店按一定的标准进行分级，并用某种标志表示出来。我国对饭店的星级评定工作始于1988年，通过对饭店的"硬件"（建筑、装潢、设备、设施条件和维修保养状况）、"软件"（服务质量）以及顾客满意程度等方面进行全面考核后，给饭店评定不同的星级和档次。

新版国家标准《旅游饭店星级的划分与评定》于2011年1月1日起开始实施。按照新标准，全国旅游星级饭店评定委员会对饭店星级的划分有一星级、二星级、三星级、四星级、五星级以及白金五星级。星级以镀金五角星为符号，用一颗五角星表示一星级，两颗五角星表示二星级，三颗五角星表示三星级，四颗五角星表示四星级，五颗五角星表示五星级、五颗白金五角星表示白金五星级。最低为一星级，最高为白金五星级。星级越高，表示旅游饭店的档次越高。

五星级饭店：旅游饭店的最高等级。设备十分豪华，设施更加完善，服务设施齐全。各种各样的餐厅，较大规模的宴会厅、会议厅及综合服务比较齐全，是社交、会议、娱乐、购物、消遣、保健等活动中心。

四星级饭店：设备豪华，综合服务设施完善，服务项目多，服务质量优良，室内环境讲究艺术性。客人不仅能够得到高级的物质享受，也能得到很好的精神享受。

三星级饭店：设备齐全，不仅提供食宿，还有会议室、游艺厅、酒吧间、咖啡厅、美容室等综合服务设施。这种属于中等水平的饭店在国际上最受欢迎，数量较多。

二星级饭店：设备一般，除有客房、餐厅等基本设施外，还有卖品部、邮电、理发等综合服务设施，服务质量较好，属于一般旅行等级。

一星级饭店：设备简单，具备食、宿两个最基本的功能，能满足客人最简单的旅行需要。

任何饭店以"准×星""超×星"或者"相当于×星"等作为宣传手段的行为均属违法行为。经评定达到相应星级标准的饭店，由全国旅游饭店星级评定机构颁发相应的星级证书和标志牌。星级标志的有效期为3年。旅游饭店应将星级标志置于饭店前厅最明显位置，接受公众监督。

> 问题引导：旅游饭店的规模越大，等级就越高吗？为什么？
>
> _____
> _____
> _____
> _____

三、酒店业未来发展趋势

（一）全球酒店业经营进入下降周期，中国酒店业经营进入调整期

过去10年间，全球五星级酒店的每间客房平均收入年均增长率不超过2%，若考虑通货膨胀率，可以说是负增长状态。国内市场同样经历寒冬，2014年全国12 803家星级酒店亏损59.21亿元，成为有史以来最大亏损年。

从全球市场来看，新冠疫情加速酒店行业出清。据统计，2016—2019年全球酒店和度假村市场规模连续4年超过万亿美元，并呈递增趋势。2020年，由于新冠疫情的全球影响，跌幅为146.9%，2020年全球酒店和度假村市场规模为6 102亿美元。2021年，随着新冠疫情防控及新冠肺炎疫苗的全球接种，酒店和度假村市场规模恢复为9 489亿美元。

（二）酒店跨界合作模糊相关产品和服务之间的界限，生活方式上酒店获得更大发展空间

共生共融已成为互联网时代的常态，而跨界融合也成为当前酒店企业创新经营的一条路径。酒店与其他行业的跨界合作越来越多，方式也越来越多样。在互联网时代，无论是产品形式还是服务方式的创新，从生活方式上探索客户的真正需求，才能成为客户的心头好。

（三）智慧酒店有进一步表现，人工成本和能耗预计有所降低

智慧酒店从互联网时代进入移动互联网时代，一项关键性的因素就是网络覆盖，尤其是Wi-Fi覆盖。当前酒店业，智慧化发展模型千差万别，有酒店独自发展的，如华住集团自己研发的自助入住系统，使入住由3分钟变成25秒；也有紧密牵手社交媒体发展的，如街町酒店的"自助选房、微信开门、微信客服、微信支付"生态闭环；更有抱团发展的，如由开元领衔的六大集团联盟。行业之间的跨界、联动与融合成为趋势。

阿里未来酒店——菲住布渴

阿里在杭州开了一家实体酒店，名叫菲住布渴（FlyZoo Hotel），内部代号"未来酒店"。这家酒店的一大特色是从预订登记，到入住体验，再到退房环节，多由机器人提供服务。这也是全球第一家支持全场景刷脸住宿的酒店。

据悉，阿里未来酒店由阿里旗下多个团队共同打造。飞猪设计了全链路的体验流程，达摩院负责酒店创新研究计划，阿里云提供大数据底层服务，人工智能实验室启用了最新设计的智慧机器人，智能场景事业部完成酒店整套数字化运营平台、AI智能服务中枢以及智能场景系统的研发，天猫国际推出7个国家主题房，天猫等平台则为酒店家具床品提供了供应链。

菲住布渴酒店以"天猫精灵福袋"机器人代替酒店迎宾，覆盖酒店全场景的客人身份识别：无感梯控和无触门控等装置均可通过人脸识别实现自动点亮客人入住楼层、自动开启房门、电梯自动响应等。房间内配备的天猫精灵可用于调节室温、灯光、窗帘、电视等，送餐、送备品等客房服务亦由机器人代替人工完成。

阿里未来酒店CEO王群介绍："通过酒店管理平台系统能力的提升，未来酒店的人效比是传统同档次、同等规模酒店的1.5倍。"通过这一整套酒店系统的数字化、智能化解决方案，未来这些沉淀下的能力将可能赋能到酒店业的其他公司。

（四）伴随公民收入提高和旅游热情上升，中国度假酒店建设出现新高潮

中国旅游研究院发布《2019年全国旅游市场基本情况》，总体来说，国内旅游市场和出境旅游市场稳步增长。2019年国内旅游人数为60.06亿人次，比上年同期增长8.4%；全年实现旅游总收入6.63万亿元，同比增长11%。另外，中国公民出境旅游人数达到1.55亿人次，比上年同期增长3.3%。入境旅游人数1.45亿人次，比上年同期增长2.9%。国际旅游收入1 313亿美元，比上年同期增长3.3%。入境外国游客人数中，亚洲占75.9%，欧洲占13.2%，全国人民旅游热情

一片高涨。如何挖掘客户需求，是中国度假酒店需要持续关注的重点。

（五）在线旅行社（OTA）加速布局在线度假领域，预订系统重组是大势所趋

目前携程作为OTA平台领军者，不断进行大平台布局，从机票、酒店、度假进行平台化开发，推出景区酒店自由行方式，推动度假业务发展。收购携程控股子公司（Travelfusion）后，又加速布局海外市场，在海外拓展当地资源，抢占出境游市场；而首旅酒店已与阿里、石基实行战略合作，针对酒店管理系统（PMS）进行开发，布局酒店线上到线下（O2O）的商业模式。面对利益空间不断压缩的困境，在线领域预订系统重组或是趋势。

（六）酒店管理模式选择方向多元化，逐步与国际接轨，本土品牌影响力持续放大

高星级酒店在中国发展的黄金十年，也是国际品牌在中国开疆扩土的黄金十年。随着国内房地产政策的收紧，开发商对引进高端品牌之后的酒店投资回报有了更理性的审视。于是，越来越多的开发商开始试探委托管理之外的其他模式，中国酒店市场环境的逐步成熟，也使得品牌集团开始考虑开放特许经营、策略联盟模式的可行性。

国内酒店集团自然也不甘落后，以万达、绿地为首的房企在跟大牌酒店管理公司合作多年后，强势推出自主品牌并已拓展到海外。本土酒店已经能够打出令人骄傲的国际品牌，实现全球化扩张。

（七）旅游饭店业向住宿业过渡，饭店业态趋向多元化

行业新常态下，酒店市场需求发生了很大变化。需求结构的调整、消费主体的变化、消费诉求的升级、互联网渗透到消费习惯和消费方式的方方面面等趋势，都使饭店业态多元化成为新常态下的必然要求。新一代的消费人群对个性化产品和服务的需求，催生了传统星级之外的业态，短租公寓和客栈民宿风头正劲，未来的酒店可能只有一间客房，也可能是"酒店+"。

（八）并购整合联盟继续升温，国内即将迎来产生国际性大公司的机会

2015年，携程、去哪儿、艺龙经过烽火硝烟，三家整合在一起，让酒店人目瞪口呆。锦江收购铂涛、首旅私有化如家，四大巨头之间纷纷"合纵连横"，国内酒店业大有进入寡头竞争时代之势。

融合之外还有联合。面对外资酒店在品牌方面的强势，无论是国资酒店还是民资酒店，均纷纷采取了与其联合的方式，锦江与喜达屋、铂涛与希尔顿、华住与雅高，近年来纷纷"联姻"。2015年，"酒店联盟"也成为一种新趋势。在中国经济步入"新常态"的大背景下，以及在首旅、锦江带头效应下，未来酒店行业寻求合作，进行资源整合的趋势将进一步增强，连锁酒店抱团合作将成为潮流。2016年，并购整合联盟潮继续兴起，这是酒店行业发展的一大趋势。相比国

内集团之间的并购，万达、绿地、海航等已经把触角伸到海外多个城市和地区的企业，同样值得期待。

2021年，锦江、华住、首旅、格林、东呈和尚美，分列国内酒店行业排名前六位。2021年全国酒店排行榜显示，百强品牌中有35家国际高端酒店，22家有限服务中档酒店，17家经济型酒店，8家全服务中档酒店，8家国内高端酒店，5家平价酒店，4家精品酒店，1家客栈民宿。

（九）住宿业分享经济影响和覆盖的范围持续扩大，非标住宿规范发展

2015年11月19日，国务院网站发布《国务院办公厅关于加快发展生活性服务业促进消费结构升级的指导意见》，提出"积极发展客栈民宿、短租公寓、长租公寓等细分业态"，将这些业态定性为生活性服务业，为民宿客栈、短租公寓等非标住宿经营模式提供了法律支撑，同时也规范了其经营模式。需求多元化和消费诉求的升级将为分享经济的进一步发展培育土壤，传统酒店集团也有可能会进入这个领域。

雅投资旗下子公司图远商贸，将酒店选址、投资、设计、施工到材料供应等整合到前端，不但可以营建自己的酒店，而且可以做酒店投资、设计、施工、材料等与酒店相关的配套服务的对外输出。目前，有海尔电器、格力电器、家具、卫浴、涂料、地板等代理品牌100多项，协议生产厂家几十家，后续还将开发酒店供应链平台，致力于酒店营建板块的产业链整合，打造酒店营建的一站式服务平台。

总之，未来酒店的发展跌宕起伏，在信息化时代中突出品牌特色、打造产品品质、顺势而变，才能在激烈的竞争中胜出。

> 问题引导：你对酒店业未来的发展有什么建议？

旅游劳模 践行剧场

兢兢业业绘好锡林旅游——刘瑞翔

刘瑞翔，女，汉族，1982年出生，大学文化，2004年7月参加工作，2008年6月加入中国共产党，是锡林浩特旅游部门的一名工作人员。个人连续多年年终考核都被评为"优秀"，先后被评为全市"三八红旗手"、优秀共产党员等。刘瑞翔同志以自己的聪明才智和对旅游

事业的满腔热情，在平凡的工作岗位上，取得了不平凡的业绩。

为推动该市旅游业的发展，刘瑞翔紧紧围绕"项目是经济发展的支撑"这一理念，始终把景区开发建设作为全局大事来抓。锡林浩特地区连续3年被评为"全盟旅游项目建设先进地区"。

为了提升旅游品位，将文化作为旅游的品牌在旅游中应用和升华，两年来，刘瑞翔同志带领全体干部职工，承办国际游牧文化节、北京—锡林郭勒旅游那达慕等一系列活动。在国际游牧文化节筹备期间，刘瑞翔同志与所有干部职工一宿没合眼，检查、落实各项工作细节，第二天她依然以良好的精神状态主持完全天活动。游牧文化节得到领导和所有游客的一致好评，并从此作为锡林浩特的节庆品牌加以推广。

刘瑞翔同志的座右铭就是"严于律己、宽以待人"，她始终注重自身综合素质的全面提高。业务方面，她不断汲取专业知识，不论是说起锡林浩特市的任何一个旅游景点，还是对蒙元文化的研究，刘瑞翔同志都能如数家珍。

（资料来源：网易，2018-07-25. https://www.163.com/dy/article/DNIP8D9B0514RN2B.html）

第四节　旅游景区

旅游景区是旅游业的基础产业部门，是一个国家或地区旅游业赖以存在和发展的最基本条件。

旅游景区也称旅游地、旅游目的地，其含义较为广泛，是一个非常笼统的概念，一般是指由若干共性特征的旅游吸引物、交通网络及旅游服务设施组成的地域单元。从广义上讲，任何一个可供旅游者或来访游客参观游览或开展其他休闲活动的场所都可以称为旅游景区。它的空间跨度差别很大，大至一个国家，小至一个乡村、一所博物馆、一处名人故居。

旅游景区可以定义为经县级以上（含县级）行政管理部门批准成立，有统一管理机构，范围明确，具有参观、游览、度假、康乐、求知等功能，并提供相应旅游服务设施的独立单位。

一、旅游景区应具备的条件

（1）具有供游客参观游览的吸引物，一般分为自然旅游资源和人文旅游资源两大类。

（2）完善的旅游交通服务设施，即具有通往旅游景区的交通道路、停车（船）场所，具有可供游人参观游览的步道或航道。

（3）游览服务设施齐备，具有明显的各类引导标志（入口游览导游图、标牌、景点介绍牌等）。

（4）旅游安全保障有力，即消防、防盗、救护设备齐全且功能完好，管理机制健全，能及时提供安全保卫工作。

（5）良好的环境卫生，即景区环境优美、干净卫生。有健全的环卫管理机制，各种卫生设施设备齐全，标示明显。

（6）完善的公共设施。

二、旅游景区分类

根据不同的变量，如旅游资源、主导功能、质量等级、所有权、规模、客源区、区位和游客数量等，存在许多划分旅游景区类型的方法，在此列举部分方法进行讲述。

（一）按旅游景区的主要旅游资源分类

1. 自然类旅游景区

自然类旅游景区又称自然风景区，由多个自然类旅游景点组成，并辅以一定的人文景观的相对独立的景区，以名山大川和江河湖海为代表。如黄山、西湖、芦笛岩、九寨沟（图4-1）以及尼亚加拉大瀑布等。自然类旅游景区又可分为山地型自然旅游景区、森林型自然旅游景区、水景型自然旅游景区、洞穴型自然旅游景区以及综合型自然旅游景区5个亚类。

图4-1　九寨沟

2. 人文类旅游景区

人文类旅游景区又称名胜风景区，是由多个人文旅游景点组成，并以一定的自然景观为背景的相对独立的景区。其典型代表有北京故宫博物院（图4-2）、颐和园、八达岭长城等。人文类旅游景区又可以分为历史文化名城、古代工程建筑、古代园林以及综合型人文旅游景区等亚类。

图4-2　北京故宫博物院

3. 复合类旅游景区

复合类旅游景区是指由自然景点、人文景点相互衬映、相互依托而形成的相对独立的景区，该区域中自然景观和人文景观的旅游价值均较高。复合类旅游景区的典型代表有国内著名的宗教旅游胜地，如五台山、峨眉山（图4-3）、普陀山、九华山等。

图4-3　峨眉山

4. 主题公园类旅游景区

主题公园类旅游景区是指根据一个特定的主题，采用现代科学技术和多层次空间活动设置方式，集诸多娱乐活动、休闲要素和服务接待设施于一体的现代旅游目的地，是介于自然资源和人文资源之间的边际资源，如深圳华侨城、北京世界公园、苏州乐园、上海迪士尼乐园（图4-4）等。

图4-4　上海迪士尼乐园

5.社会类旅游景区

社会类旅游景区是与上述传统旅游景区完全不同的旅游景区类型，它突破了人们对旅游景区界定的定式。只要是利用社会资源吸引旅游者，开展旅游经营业务，并形成相对独立的旅游景区都可以称为社会类旅游景区。利用工业企业或工业园区开展的修学旅游等都可以形成相应的社会旅游景区。

（二）按旅游景区的主导功能分类

1.观光型游览旅游景区

观光型游览旅游景区是指以观光游览为主要内容的旅游景区，该类旅游景区具有较高的审美价值，可供旅游者参观游览。如厦门鼓浪屿、湖南张家界等。

2.度假型旅游景区

度假型旅游景区是指拥有高等级的环境质量和服务设施，为旅游者提供度假、康体、休闲等服务的独立景区。如大连金石滩、北海银滩、昆明滇池以及美国夏威夷等。

3.科考类旅游景区

科考类旅游景区是指科学考察和科学普及类旅游资源为主，具有较高的科学研究价值和观赏性，为旅游者提供科学求知经历的相对独立的景区。如各类地质公园、被誉为"世界第九大奇迹"的三星堆古文化遗址等。

4.游乐类旅游景区

游乐类旅游景区是指那些以现代旅游设施为基础，为旅游者提供娱乐游乐体验的景区。如深圳欢乐谷、上海锦江乐园、环球嘉年华等。

（三）按旅游景区的质量等级分类

根据《旅游区（点）质量等级的划分与评定》（GB/T17775—2003）的规定，从旅游交通（130分）、游览（235分）、旅游安全（80分）、卫生（140分）、邮电服务（20分）、旅游购物（50分）、综合管理（200分）、资源与环境保护（145分）8个方面对旅游景区进行评分，全部项目满分为1 000分。5A级景区需达到950分，4A级景区需达到850分，3A级景区需达到750分，2A级景区需达到600分，1A级景区需达到500分。

> **问题引导**：请选择一处旅游景区进行简要介绍。

三、对旅游景区的要求

（一）对旅游景区环境服务质量的要求

（1）旅游景区保护。景区应采取有效措施阻止游客触摸、刻画、坐骑文物古迹，重点保护文物应设警示标志并有专人巡视，对已遭破坏的景观环境和文物应及时维修。

（2）旅游景区环境。景区环境应该干净整洁，安全有序，设施完善，符合相关标准。

（3）旅游景区安全。景区应设专职保安部门和保安人员，并配置相应保安器材。

（4）旅游景区卫生。景区要在每日开放时间开始前完成打扫工作，做到旅游景区内地面、设施整洁。

（5）旅游景区标牌。景区必须有中英文对照和国际通用图形标志。

（6）停车场服务。景区应设专职管理人员，车场内车位的画线要清楚，费用要公开。

（7）商店（亭）管理。规范景区内部商店经营行为，为游客提供便捷和有特色的旅游商品购买服务。

（8）摊点管理。摊位设置应符合"不影响景区环境、不影响消防安全、不影响道路交通、不影响群众生活、不影响游客参观"的原则，合理布局，规范定点。

（9）厕所卫生。景区厕所应该设置充足、布局合理、通风良好、设施齐全、清洁卫生、方便安全。

（二）对旅游景区游览服务质量的要求

（1）售票服务。售票迅速、准确，误差率小，唱收唱付音量清晰适中。

（2）门岗服务。接待和疏通旅游者，确保畅通无阻。

（3）入门接待（检票）服务。工作人员统一着装并佩戴工号牌，站立服务，语气和蔼地疏导。

（4）游览服务。在旅游景区入口显要位置树立游览区全景图，并标明游览线路时配备导游人员或导游音带供旅游者选择。

（5）问询服务。工作人员接受询问时应起立。

（6）机台服务。主要是做好游艺机、游乐设施、水上游乐设施、水上世界、滑行车、观览车、转马、空中转椅、碰碰车（船）、过山车等服务。对容易发生危险的部位，应有明显的提醒旅游者注意的警告标志，每天运营前须做好安全检查。

（7）广播服务。应使用普通话和外语广播。

（8）行李保管服务。行李保管员在接收旅游者交付的行李物品时，应确保无易燃、易爆、有毒等危险品或其他违禁品。贵重物品应保存于专用保险箱中，配备专用钥匙。

（9）讲解服务。工作人员应遵守职业道德，着装整洁，礼貌待人，文明用语，微笑服务，不卑不亢，杜绝争执，树立景区的良好形象。严格遵守景区各项规章制度。

（10）游客管理服务。管理人员负责管理游览秩序，处理旅游者投诉及其在游览中所遇到的各类问题。

（11）餐饮服务。景区应重视餐饮卫生安全，营造舒适的就餐环境，完善就餐设备设施，制定合理餐饮价格，提供良好的用餐服务，积极发展特色餐饮。

（12）旅游购物服务。景区内设有适量的购物场所，方便游客购物。购物场所旅游商品种类丰富，本地区及本旅游区特色突出；购物场所环境整洁，秩序良好，无围追兜售、强买强卖现象；购物场所、商亭的橱窗、柜台布局合理，商品陈列讲求艺术性并方便游客选购。

（13）照相服务。旅拍机构应提前考察线路及拍摄场地的便利性、适宜性、安全性，确保旅拍顺利开展。服务人员应配备统一标识和服装，同时做到仪表端庄、语言规范、服务热情、礼貌待人。

（14）文化娱乐服务。文化娱乐活动内容应文明、健康，适合国情，符合社会道德。

（15）医疗急救服务。景区应设有专职医疗保健人员，配置有完善的设备、仪器和药品。游客如有求助，应做好接待及记录工作，并进行场地巡查，了解输液设施情况，落实现场救治。协调好后，与120急救车或其他医院进行配合。

（16）告别旅游者服务。工作人员应主动向旅游者征求意见，以助于改进未来工作，等旅游者离开方可返回。

旅游劳模 践行剧场

坚守职业初心　情注旅游事业——李彩芸

灿烂的笑容、悦耳的声音，在大家印象中，李彩芸不仅温婉大方，还能说一口流利的英语，对待每一位市民游客都热情细致。"80后"的她，是敦煌市"优秀导游"和国家"金牌导游"。2020年12月被省委、省政府授予"劳动模范"荣誉称号。

李彩芸大学毕业后放弃了大城市的繁华，回到家乡敦煌，成为一名导游，开始为全国各地的游客讲述敦煌的秀美与文化，这一干就是18年。

李彩芸说："这几年新冠疫情对于旅游行业的冲击非常大，对于我们旅游人也是非常大的挑战。但即使疫情影响了我们旅游行业的脚步，却没有影响我们文旅人一直拼搏的精神。我从以前做导游到现在开始设置研学课程，研究我们敦煌的文化自信内容，做了很多当地的研学课程，目前还是很受欢迎的。"

李彩芸现在是敦煌市莫高鸿杰研学发展有限责任公司的一名导游，除了做好导游讲解工作外，李彩芸还倾心研学游工作。今年，敦煌市把白马塔景区打造为研学旅游基地，李彩芸积极参与，让市民从中感受敦煌源远流长的历史文化。

北苑幼儿园教师谌琴说："她的知识面比较广，讲解得比较通俗易懂，孩子们在研学中听得很认真。"

做好导游和研学游工作，不仅要有基本的专业素养，更要博古通今，熟知天文地理。李彩芸一有闲暇时间就填补自己的知识库，尽量把自己武装成旅游界的"百科全书"。同时，她还积极把自己多年积累的知识和经验传授给行业新人，起到了良好的"传帮带"作用。

同事代生洋说，在工作中，李彩芸兢兢业业、任劳任怨、善于学习，有着很高的业务水平。在日常生活中，李彩芸善于团结同事、乐于助人，是大家公认的学习榜样。

"金牌导游""中国好导游""甘肃导游事业发展贡献奖"，从地方到省再到全国，这些荣誉称号对于很多人来说可能有些遥远，但是李彩芸这位"80后"的姑娘通过自己的不懈努力，仅仅用了不到6年的时间就拿到了这些沉甸甸的荣誉。李彩芸说，今后，她将不断学习、再接再厉，坚守劳动模范的光荣使命，践行好劳模精神，干一行爱一行，力求把每一项工作做得更好、做得更精、做得更极致，用实际行动展示新时期劳动模范的时代风采。

（资料来源：澎拜新闻，2022-05-01. https://m.thepaper.cn/baijiahao_17899297）

第五节　旅游购物

旅游购物本身就是旅游资源，提供丰富的旅游购物资源，满足游客的购物体验需求，已成为某些旅游目的地最具吸引力的内容之一。旅游商品是旅游购物资源的核心，也是吸引旅游购物的根源。

旅游购物是旅游或旅游业的一个领域或要素，是指以非营利为目的的游客离开常住地，以购物或其他为旅游目的，为了满足其需要而购买、品尝，以及在购买过程中观看、娱乐、欣赏等行为。

一、旅游购物品及其特点

旅游购物品（旅游商品）是指游客在游览过程中所购的物品。旅游商品是景区经营的重要内容，也是景区经营收入的重要组成部分。旅游者在旅游过程中，由于生活、旅行和纪念等需要，自然要购买不同商品，这些商品有的在旅游过程中被使用或消费掉，有的则被带回家作为馈赠礼品或收藏品。总体来说，旅游商品应体现以下特点。

（一）实用性

实用性是指商品具有一定的使用价值。旅游者在旅游过程中所购买的纪念品可以是一件有一定使用价值的生活日用品或其他有特殊用途的物品，如一件印有景区标志的文化衫、一件工艺雕饰、一块有特殊图案的挂件等。这些物品，既有实用功能，又因其特定的产地和特殊的工艺、图案或设计而具有纪念意义。

（二）艺术性

在很多情况下，旅游者购买旅游商品是为了送人、留作纪念或收藏。因此，旅游商品应具有较高的艺术性。旅游商品只有具备艺术美，才能给人以审美情趣，才能具有特殊的欣赏价值和收藏价值，才能有市场。

实用性、艺术性是旅游商品的本质属性。旅游商品如果没有实用性，就失去了作为商品的价值；如果没有艺术性，也就不能区别于一般商品。

（三）纪念性

一次旅游就是一次经历。对于旅游者来说，这种经历是难忘的、具有纪念意义的。这种纪念意义既体现在其日后的记忆（回忆）中，也体现在其旅游时所购的各种纪念物品中。在旅游地购买的饰物、挂件、明信片，甚至在旅游地采集的门票，都可作为该次旅游的纪念品而被永远珍藏。

旅游商品的纪念性价值主要来自商品的民族特色或地方特色。例如，许多外国女性旅游者常常购买旗袍、直襟衣服、绣花鞋等，她们看中的是中国的民族特色。

（四）时代性

旅游是人们追求精神和物质享受的一种消费活动，具有鲜明的时代气息。旅游商品必须适应人们这种消费活动的特点而具有时代性。特别是随着社会的发展，高科技已渗透生产和生活的方方面面，许多商品显现着高科技的时代印记，不断更新换代。例如，在我国像景泰蓝这样的传统工艺品已经渗透到诸如钥匙扣、指甲刀、水笔、吉祥物等各种日用品上，这就是时代性的反映。

实用性、艺术性、纪念性和时代性是旅游商品的四大属性，也是旅游商品产销的四大原则。除此之外，根据旅游活动的特点，对旅游商品的礼品性（适合作为礼品赠送他人）、轻便性（方便携带）等特点，在旅游商品的开发和组织过程中都应予以注意。

免税购物成为海南旅游的"金名片"

大寒时节，海南的各大免税店里气氛却很火热。最近几年，人们到海南旅游时，购买免税品几乎成为必选项。

海口海关公布的数据显示，2021年，海南离岛免税购物金额为495亿元，购物人数为672万人次，与上年相比分别增长80%、49.8%。离岛免税购物消费已成为海南旅游的一张重要名片。

对着手机照片挑选免税品，给亲友做"代购"

"来买免税品的顾客大部分都很有针对性，他们会直接报品牌名称，会把照片给我们看，然后进行指定性购买。"在cdf海口美兰机场免税店负责化妆品销售的一名导购告诉记者。

这家免税店位于海口机场T1航站楼，总营业面积达1.4万平方米，销售化妆品、手表、箱包等45类免税商品，汇聚400多个国际知名品牌，是海南首家机场离岛免税店。

"以前很多东西要到国外买才划算，现在这里免税后也能便宜不少，还经常有折扣。"在免税店购物的王女士对记者说。她从江苏来到海南旅游，刚从提货处取了大包小包的商品，一看就"收获不小"。

位于海口市内的cdf海口日月广场免税店经常有很大的人流量。记者看到很多游客对着手机选购商品，而每个柜台前几乎都排有长长的队伍。正在挑选化妆品的张平说，他由于工作原因一年会来海南很多次，每次都会买不少免税品回去，"现在都养成习惯了，经常要给亲朋好友做'代购'"。

即买即提、邮寄送达、返岛提取……

海南离岛免税政策于2011年4月20日正式落地，十余年间，相关政策先后进行多次调整，免税购物限额、购物对象、购物次数、商品品种、购物便利性等得到不断完善。

其中，在海南购买免税品的便利性尤为值得一提。在机场免税店等地，商品可以即买即提。2021年2月新规发布，离岛旅客购买免税品，可选择"邮寄送达"提货；岛内居民离岛前购买免税品，可选择"返岛提取"。此举提升了旅客购买酒水、箱包等大件商品的积极性。

在提升游客购物体验上，免税店新招频出。例如，海口观澜湖免税城规划总营业面积10万平方米，是颇具规模的单体免税购物商业综合体。该免税城相关负责人表示，免税城通过多样化互动设置、打造标志性建筑等，让游客既买得开心，也玩得开心。

免税购物成为海南旅游的"金名片"

随着海南免税政策逐渐完善，到海南旅游时顺便购买免税商品正成为越来越多消费者的选择，免税购物已成为海南旅游的一张"金名片"。

> 中国（海南）改革发展研究院院长迟福林认为，海南具有全国免税购物政策的独特优势。依托海南自由贸易港的政策优势及旅游资源环境优势，建议进一步拓展相关市场的开放政策，使更多的国人不出国就可以在海南享受免税购物的便利，使符合条件的国内外企业在海南平等经营，由此丰富海南国际化旅游消费内涵，使免税购物成为海南的"王牌"。
>
> "建议在严格监管的前提下，允许更多有实力、有条件的企业进入海南免税市场，免税购物区域可逐步扩展到全省，免税品种由国外产品扩大到国内名优产品。"迟福林说。
>
> 在推进国际旅游消费中心建设过程中，海南用好、用足政策，充分释放政策红利。业内人士认为，海南离岛免税政策激发了国人的消费潜力，让海南成为连接国内市场和国际市场的重要载体，对于提升海南旅游产业的综合竞争力具有重要价值。

二、旅游购物品分类

根据不同的分类标准，可将旅游商品划分为不同类型。旅游商品的种类繁多，分布广泛，不同的国家和地区往往会根据自己的情况对旅游商品做出不同的分类。常见的分类方法主要有以下几种。

（一）按功能和动机划分

旅游商品按功能和动机划分，可分为旅游纪念品（包括旅游工艺品、旅游纪念性礼品类）、旅游用品及旅游食品3种。旅游纪念品是旅游者为了纪念旅游活动而购买的能代表当地特色的具有纪念意义的旅游商品；旅游用品主要是指满足旅游者从事旅游活动，专门需要使用的旅游商品，其最显著的特点是具有专用性，如旅游专用鞋、服装、望远镜、照相器材、风雨衣、电筒、指南针、游泳用品、各种应急品等；旅游食品主要是当地的风味小吃和旅游地区的一些酒、茶、核桃、山药、雪莲等土特产。

（二）按使用者划分

根据使用者不同，旅游商品可分为自用旅游商品和他用旅游商品两类。自用旅游商品有在旅游活动过程中直接使用的旅游商品，也有自己为作为旅游过程中的美好回忆留做纪念的旅游商品；他用旅游商品是旅游者把旅游商品作为礼品赠送给亲朋好友的旅游商品。

（三）按地域划分

按地域划分，旅游商品可分为国际性旅游商品、全国性旅游商品、区域性旅游商品。

（四）按旅游商品生产的地域专属性划分

按旅游商品生产的地域专属性划分，可将其分为遍在性旅游商品和专有性旅游商品两类。

遍在性旅游商品就是很多地区都有卖的旅游商品，所以这种旅游商品吸引力相对较小，旅游地的市场购买力低；专有性旅游商品是指因旅游资源分布的地域性，而导致旅游商品生产集中于某一特定旅游区域，是旅游地的特色商品，这种商品具有本地区特色，吸引力比较大，市场购买力也比较强，是旅游区域作为旅游商品重点开发的产品。

（五）按旅游商品的生产工艺划分

按旅游商品的生产工艺划分，可将其分为工业制成品和手工制成品两类。工业制成品适于大规模批量生产，但一般不具备特定旅游市场的特色；手工制品虽能很好地反映民族文化特色，但产量不高。区域旅游商品的开发在继承发展具有民族特色的手工制品的同时，应重点发展具有区域特色的工业制成品。工业制成品规模大、市场广阔，会给当地带来更大的经济效益。

（六）按旅游商品的功能与美学价值划分

按旅游商品的功能与美学价值划分，可将其分为低档、中档、高档3类，旅游商品价格相应分为3类。低档旅游商品做工简单，美学价值不高，但是实用，销售市场相对也比较广阔。高档旅游商品则较好地反映了区域文化内涵，精工制作，工艺美学价值高，但是因其价格高，销售市场比较集中。中档旅游商品介于两者之间，既具有一定的实用性和纪念性，又具有一定的美学价值，旅游商品的价格也比较适合旅游消费市场的消费需求，这类旅游商品销售市场也相对比较广阔。目前，中国旅游商品市场主要以中、低档旅游商品为主，但是随着社会经济的发展和游客要求层次的提高，旅游商品高档化是一大发展趋势。

（七）按旅游商品在使用中的耗竭性划分

按旅游商品在使用中的耗竭性划分，可将其分为消耗性旅游商品和持久性旅游商品。消耗性旅游商品就是旅游者在使用中存在显著的物理损耗，应强调保护性开发，追求可持续性；持久性旅游商品多强调精神上的使用价值，物理损耗不明显，具有较高的收藏价值与纪念意义，要求特色鲜明，做工精美。

（八）按旅游者旅游的阶段划分

（1）游者旅行前在居住地购买的准备在旅途中使用的旅游商品。如旅途中要用的雨伞、衣帽，旅途中准备吃的食品等。

（2）旅游者在旅游活动中购买的，具有旅游目的地"地方特色"的旅游商品，称为旅游纪念品。如北京的果脯、苏州的刺绣、贵州的茅台酒、南阳的玉器、景德镇的瓷器等。

（3）旅游者在旅游活动中购买的，满足日常生活需要的旅游商品，称为旅游日用品。如旅途中购买的牙刷、牙膏、毛巾等主要在旅途中使用的商品。

（4）国际旅游者在已经办完出境手续，即将登机、上船和乘车前在免税店购买的旅游商品，称为免税旅游商品。

> 问题引导：你在旅游时最喜欢购买什么商品？你觉得该商品具有什么价值？
>
> _____
> _____
> _____

三、旅游购物的作用

（1）满足了游客的购物需求。旅游购物品不仅具有实用价值，还具有纪念和欣赏价值，满足了游客物质上和精神上的需求，提升了旅游的质量。因此，旅游购物是游客旅游过程中的重要组成部分，多数游客会在游程当中购买一些风物特产、工艺美术品等，或自用，或留作纪念，或馈赠亲友。另外，部分游客会把购物当作旅游的一大目的，一些旅行社也会适时推出购物旅游产品，以满足游客的这一需求。

（2）有利于提高旅游业整体经济效益。旅游购物业能增加我国的外汇收入，增加消费，促进货币回笼，增加销售企业的收入，促进旅游业的繁荣，提高旅游业的整体效益。

（3）扩大就业机会，带动相关产业。旅游购物品的生产和销售都需要大量的劳动力，旅游购物业的发展必然提供更多的工作岗位，扩大就业机会。此外，旅游购物业的发展需要当地其他产业配合，因此旅游购物业的发展将与当地其他产业形成良性互动，共同发展。

（4）能提供商品和市场信息，有利于发展出口贸易和丰富国内市场。旅游商店多在交通便利、游客集中的地方，商店展示的商品起着一种"宣传橱窗"的作用。来自不同国家和地区的游客对这些商品进行挑选，他们的购物动向和频率反映了各地和世界各国市场变化情况及发展趋势。因此，旅游商品的销售情况一定程度上反映了这一商品被社会接受的情况，在游客中畅销的商品就有可能在旅游客源地大批量销售。

（5）有助于挖掘传统手工艺。游客喜欢的旅游购物品很多是有地方特色的传统手工艺品和土特产品。这能有效地带动当地特色手工艺品的生产和销售，既满足了游客的需求，又可挖掘当地的传统手工艺，使之更好地生存和发展。

（6）传播了旅游目的地形象。旅游购物品很多带有旅游目的地的文化因素，随着旅游购物品的生产和销售，游客的购买、馈赠，旅游购物品的文化内涵得以传播，这在一定程度上传播了旅游目的地形象。

旅游劳模 践行剧场

他带着乡亲们让生活越过越甜——左香云

左香云，江西省井冈山市茅坪镇神山村党支部副书记、神山村旅游协会会长，肩负着神山村与旅游相关的各项工作任务。

返乡筑起创业梦

1996年，初中毕业的左香云选择外出打工。他曾到过广东东莞，却并未找到适合自己的工作。1999年，他跟随同学到井冈山的旅游景点黄洋界卖小水桶、小弹弓等竹木手工艺品。正是这一次经历，在左香云心中埋下了创业的种子。

"黄洋界的旅游生意分淡旺两季，一年中出摊时间短，利润低。"在左香云看来，回家乡生产竹木手工艺品是一条不错的路。于是，2000年底，左香云回到神山村，走上了竹木制品加工的创业之路，开始生产旅游小商品。2001年，左香云凭借弹弓这一最简单的手工艺品，赚到了人生的第一桶金——500元。

左香云不断探索，充分利用毛竹资源。从刚开始用木头做弹弓，到2003年用竹子做小水桶等竹制品，再到2007年开始尝试制作竹筒酒，以及之后推出"神山竹酒"，左香云逐步更新设备、改进技术，他的竹制品创业路越走越宽，同时也为神山村村民找到一条发展之路，让更多村民一起增收致富。

带头吃上旅游饭

2016年2月2日，左香云家来了位特殊的客人——习近平总书记走进了他家的竹制品加工工作间。习总书记在神山村的殷殷嘱托，深深刻在左香云的心里——在扶贫的路上，不能落下一个贫困家庭，丢下一个贫困群众。

"少数人富不算富，共同富裕才是真富。作为村里的致富带头人，我要做的事情还有很多。"左香云深感肩上责任重大。

2018年当选为全国人大代表后，左香云在探索神山村乡村旅游新路子、带领群众脱贫致富上投入了更多的心血和努力。村里改造进出黄洋界的古道，建成红军小道，并将神山村与八角楼、黄洋界等景区景点串联起来，形成旅游精品线路，融入井冈山全域旅游发展大局。

如今，神山村共种植黄桃460亩、茶叶200亩，从事餐饮住宿、民俗体验、土特产品销售等的农户达16家，50%的村民参与到乡村旅游服务中，旅游业成了村民增收的主渠道。神山村接待游客数量也由2016年的9.8万人次增加到30余万人次，实现了山区变景区。

> **"触网"致富见成效**
>
> 随着到井冈山、神山村旅游的游客越来越多，村里的特色小吃糍粑也变得畅销起来。打糍粑是村里的招牌旅游项目，深受游客喜爱。如今，人们惊喜地发现，这一项目已被搬进了抖音直播间，游客可以直接线上购买糍粑。通过电商平台，神山村的特色农产品变得"触手可得"。"我们身在农村，但信息并未受阻。如今，电商销售正成为脱贫致富的有效工具，互联网将成就神山村的新梦想。"左香云非常坚定地要探索农村的电商销售新路，让农村的幸福生活越过越好。
>
> 2022年，神山村电商消费平台上线蜂蜜、黄桃干、茶叶、笋干、木耳、百合、茶树菇干等几十种特产，村民人均可支配收入近3万元，是2015年的近10倍。
>
> 左香云介绍："神山村正在推进'神山'系列农产品的线上线下一体化发展，希望将神山游客纳入智慧乡村管理平台。"
>
> 除了产品"触网"，神山村旅游业的未来发展也将插上智慧的翅膀。"我们争取了一小部分资金，打造了神山村旅游智慧平台。游客进村扫码，即可进入平台，不仅有了持续关注神山村发展的渠道，还可以购买神山村的农副产品。"左香云说。
>
> 现在，神山人正在乡村振兴的路上忙碌着，而左香云也没有停下自己的脚步。他说，要认真贯彻落实习近平总书记考察江西重要讲话精神，努力在全面推动乡村振兴发展上取得更大成绩。
>
> （资料来源：文旅之声，2022-01-21. https://zhuanti.mct.gov.cn/advance/1261.html）

第六节　旅游娱乐业

一、旅游娱乐的概念

旅游娱乐是指旅游者在异地旅游过程中，寻找精神愉悦、身体放松、内心满足和个性发展的旅游活动。个性化、多样化、等级化是旅游娱乐的基本特征。

旅游娱乐业所经营的产品属于资源型旅游产品，但大部分是人为生产出来的。这些产品的消费过程往往是旅游者和产品的各构成要素结合的过程，因此是参与性很强的产品。通常，这些产品都以设施的形式展示在消费者面前。

二、旅游娱乐的分类

（一）按旅游娱乐的空间位置划分

按旅游娱乐的空间位置划分，可将旅游娱乐分为室内娱乐产品和室外娱乐产品。

（1）室内娱乐产品。这类产品包括各种形式的俱乐部、舞场、保龄球室、室内游泳池、文娱室和健身房等。

（2）室外娱乐产品。这类产品包括游乐园、靶场、高尔夫球场、海水浴场和滑雪场等。极限运动，如蹦极、攀岩、卡丁车、滑翔伞、野外生存、定向运动、潜水等也属此类。

（二）按娱乐设施的活动项目划分

按娱乐设施的活动项目划分，可将其分为单项旅游娱乐产品和综合旅游娱乐产品。

（1）单项旅游娱乐产品。这类产品以专项娱乐设施仅满足旅游者一方面的需求，如现代主题公园中常见的娱乐活动项目，包括激流勇进、天旋地转、太空梭、过山车、四维电影等。

（2）综合旅游娱乐产品。这类产品以综合娱乐设施为旅游者提供服务，是多种旅游娱乐项目的汇总，如游乐园等。

目前，很多主题公园推出了一些综合性的娱乐产品，如苏州乐园、深圳的欢乐谷主题公园等。

（三）按娱乐活动的功能划分

按娱乐活动的功能划分，可将其分为康体类娱乐产品、消闲类娱乐产品和娱乐类娱乐产品。

三、旅游娱乐业的作用

（1）满足旅游者的更高层次的娱乐需求，丰富旅游活动。传统的旅游只是静态景物的观赏，是属于旅游需求层次的基本需求。随着社会的发展，人们的旅游需求日益多样化，除了基本的需求外，还有提高层次的需求，特别是娱乐的需求。旅游观赏是旅游活动产生的重要原因，观赏作为旅游活动的组成部分，只能是旅游活动的基本内容。旅游娱乐项目的开发，极大地影响了旅游者的兴趣，满足了旅游者更多的旅游需求，使整个旅游活动更加丰富，形式更加多样。随着旅游业的发展，旅游产品正由静态的景物观赏向动态参与的方向发展。

（2）改善旅游产品结构，提高旅游产品的竞争力。旅游娱乐项目作为旅游活动的一部分，是对旅游欣赏层次的补充和提高。它对旅游产品结构的改善，大大增强了旅游资源的吸引力，提高了旅游产品和整个旅游地的竞争力。

（3）提高旅游业的经济效益，有助于减轻季节性给旅游业造成的冲击。旅游娱乐项目主要是为了满足旅游者除观赏之外的其他旅游需求，具有很高的娱乐性。它对于当地的居民也有一定的吸引力，尤其是当旅游淡季时，吸引当地居民参与其中可以创造旅游效益，平衡收支。

（4）促进旅游地旅游形象的改善。旅游娱乐项目的引进在一段时间内具有一定的资源垄断，其宣传和影响可以促进外界对旅游地的了解，从而改善和提高旅游地的旅游形象。

（5）丰富当地的文化娱乐生活。当地居民参与到旅游娱乐活动中来，可以使旅游娱乐成为当地居民生活的一部分，可以提高旅游地居民的素质和生活水平，丰富当地居民的文化和娱乐生活。旅游娱乐活动也是社区文化的组成部分。

> 问题引导：简述旅游娱乐业的作用有哪些。
>
> _____
> _____
> _____

旅游劳模 践行剧场

劳动是获取美好生活的最可靠途径——斯那定珠

"那个时候，虽然我和家人在城市里生活衣食无忧，但一想起深居大山深处的乡亲们依然家徒四壁、日子过得很艰难，就下定决心，一定要修出一条让巴拉村人走出大山的路，让他们都过上好日子。"这是康巴汉子斯那定珠在《朗读者》节目中的诉说。

斯那定珠是"全国文化和旅游系统劳动模范"，云南文产香格里拉市巴拉格宗旅游开发有限公司董事长兼总经理、党支部书记，他的家乡巴拉格宗位于云南迪庆州香格里拉的群山峡谷之间。

在很长一段时间里，巴拉格宗与世隔绝，是难以到达的香格里拉秘境，生活在这里的人们也很难走出去。斯那定珠10岁的时候，眼睛意外受伤，阿爸送他去县城医治眼睛，在巴拉格宗的崇山峻岭中整整走了5天5夜，才到县城医院。医生遗憾地告诉他们，已经错过了最佳治疗时间。

这是斯那定珠第一次出远门，也给他带来了深深的触动，"好像到了另一个世界"。这个世界有电、有汽车、有马路，10岁的斯那定珠在心里暗自发誓："以后一定要修一条属于自己家乡的路，一定要把小汽车开到自己家门口。"

40岁的时候，斯那定珠带着几十年辛苦打拼赚得的4 000多万元回到了家乡修路，无数个日夜他都在勘测地形、规划路线和施工建设中度过。

10年过去了，一条长58.9千米、宽6.5米的柏油公路将巴拉格宗大山深处和广阔的世界连接起来。当车子顺着曲折的道路从214国道开到巴拉村时，整个村庄沸腾了，世世代代生活在深山峡谷里的村民第一次在家门口见到汽车。

道路通了，巴拉格宗世外桃源般的颜值开始展露在世人面前。斯那定珠带领当地村民发展旅游，建设了全国知名的巴拉格宗国家4A级旅游景区。"中间经历了很多事情。当时道路打通了，有许多想开发水电站的、想开矿的老板们找过来，我顶住了压力和诱惑。我的家乡这么美，如果急功近利地搞大开发，那我对不起子孙后代，会成为历史的罪人。"回想往事，斯那定珠颇为感慨。

旅游投资大、见效慢，然而在斯那定珠看来，旅游也是可持续发展的事业。这些年，随着巴拉格宗旅游业的发展，解决了当地300人的就业。如今，乡亲们的家庭年收入从两三千元上升至10万元左右，家家户户住上了新房，开上了小轿车，就学、就医、就业问题得到解决。更重要的是，发展旅游让当地老百姓意识到雪山、峡谷、草甸、森林、冰川是最宝贵的财富，要像呵护生命一样对待自然。

这几年因为新冠疫情，巴拉格宗景区的游客量和旅游收入受到极大影响。"困难的时候，更要有定力和长远的志向。"斯那定珠说。2020年，他投资2 000多万元购置了4万多棵树苗，租了10多台大型机械，带着员工给景区种树。"新冠疫情来了没有游客，我总得给员工找点事情做。要做就做大事、好事，再也没有比绿化家乡、美化景区更好的事了。"通过植树，村民们受到了教育，买一棵碗口大的树苗要花几千块钱，巴拉格宗漫山遍野的森林就是"聚宝盆"。

关于此次获评"全国文化和旅游系统劳动模范"，斯那定珠说："我从来没有想过有一天会以'劳模'的身份得到表彰。从13岁走出大山至今的每一天，劳动与我同在，劳动是父母亲对我最好的教育，让我受益终身。我一直认为，劳动就是获取美好生活最真诚、最有效、最可靠的途径。"

（资料来源：澎湃新闻，2022-02-10. https://m.thepaper.cn/baijiahao_16641606）

归纳总结

章节名称：		日期：	
专业：	班级：		姓名：

索引区域
请对本章节所学内容进行要点提炼。

笔记区域
记录本章节中的重点、难点和中心思想，对未掌握部分进行梳理。

总结区域
请对本章节所学内容进行归纳总结。

课后测试

课程名称	旅游概论	专业	
学习任务	第四章　旅游业的构成	班级	
学习内容	1.旅行社 2.旅游交通 3.旅游饭店 4.旅游景区 5.旅游购物 6.旅游娱乐业	姓名	

码上刷题

1. 什么是旅行社？旅行社有哪些类型？

2. 旅游交通的类型有哪些？各有什么优缺点？

3. 旅游者对旅游饭店的要求有哪些？

4. 什么是旅游商品？旅游商品有哪些特点？

5. 旅游娱乐业的作用有哪些？

第五章
旅游市场

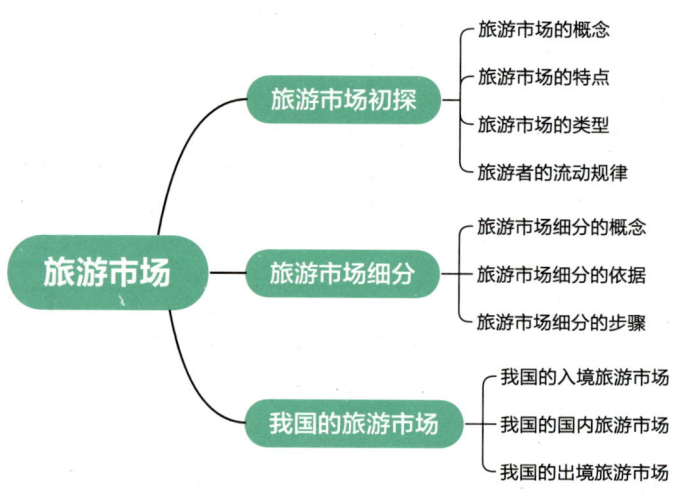

学习指南

◎ **知识目标**：理解旅游市场的概念，旅游市场划分的意义；熟悉国际客源分布情况、客流规律，我国国际客源情况；了解我国旅游业的入境旅游市场、国内旅游市场和出境旅游市场的基本状况；了解我国旅游市场竞争中存在的问题。

◎ **能力目标**：掌握旅游市场细分和目标市场选择的能力。

◎ **德育目标**：培养良好的旅游营销人员素养。

第一节 旅游市场初探

随着全球经济的迅猛发展,旅游者人数也迅速增加,一方面产生了巨大的旅游需求,另一方面形成了满足此种需求的旅游供给。旅游需求与旅游供给通过特殊的商品交换方式联系在一起,就形成了旅游市场。旅游市场是旅游产品交换的场所,是实现旅游供求平衡的重要机制。

一、旅游市场的概念

市场是商品经济发展的产物,是与商品交换紧密地联系在一起的。无论是从市场营销学的角度,还是从经济学的角度来看,市场的定义都有狭义和广义之分。旅游市场具有一般市场的共同性,也是旅游产品交换的场所,是旅游经济的重要范畴,是各种旅游经济活动和旅游商品交换关系的总和。所以,旅游市场也有狭义和广义的概念。

(一)狭义的旅游市场概念

狭义的旅游市场是从市场营销学的角度进行定义的,是指一定时期内,某一地区中存在的对旅游产品具有支付能力的现实和潜在的购买者,即旅游客源市场。

(二)广义的旅游市场概念

广义的旅游市场是指旅游者和旅游经营者之间围绕旅游产品交易所产生的各种现象关系的总和。

广义的旅游市场存在的基本条件有旅游者、旅游经营者、旅游资源、旅游设施、服务和价格。旅游者是市场的需求方,旅游经营者是市场的供给方,所以旅游市场是由需求市场和供给市场构成的,如图5-1所示。

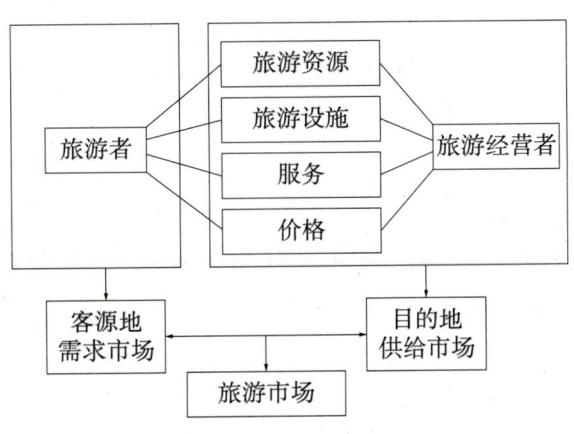

图5-1　旅游市场构成

二、旅游市场的特点

（一）异地性

旅游产品的购买者主要是异地居民，旅游客源地与旅游目的地在空间上是分离的，旅游产品的交换和消费只有通过旅游者向目的地移动才能实现。旅游市场的这种异地性特点，要求旅游企业必须适应市场环境，了解市场信息，掌握市场动态，根据市场需求确定相适应的营销方式和竞争策略。例如，乡村旅游近年来在我国逐渐兴起，特别是古村落以其独特的建筑风貌、重要的历史价值、深厚的文化底蕴成为乡村旅游市场的一大亮点，为此吸引了众多中外旅游者的关注。旅游市场的这一特点，要求旅游企业必须认真研究和采取有效的经营战略，为旅游者提供舒适的旅游产品，促使旅游者向特定的旅游产品流动。

（二）波动性

由于影响旅游市场需求的因素众多，包括季节、市场供需弹性、货币汇率、国家政策等，致使短期内某一局部、具体的旅游市场容易发生波动。对于某一具体旅游市场而言，某些意外事件或者重大活动都会在一段时间内改变客源的流向，使旅游市场呈现较大的波动性。例如，美国"9·11"事件的发生以及许多国家的恐怖事件，对世界旅游业都产生了深远的影响，战争、瘟疫、灾荒等都曾使发生地的旅游业遭受重大打击。

（三）季节性

旅游市场需求量在时间分布上的不均衡性构成了其季节性特点。在一年之中的不同时期，某一旅游市场的客源在量上存在明显的差异，有的时期多，有的时期少，因此构成了旅游市场的季节性特点。许多旅游景区的旅游企业，其生产能力在一年中的利用率季节性变化很大，高峰时达90%～100%，低谷时只有30%左右。自然因素是造成旅游市场季节性的主要原因，社会因素也是一个重要原因。据此，我们可以将旅游市场分为旺季、淡季和平季3个时期。受不同自然因素和社会因素的影响，各个国家及地区的旅游旺季、淡季和平季的具体时间有所不同。

（四）全球性

旅游市场的发展经历了一个由国内向国际的发展过程。全球性表现为两个方面：一是旅游者的旅游活动的范围遍布世界各地；二是世界各国都在积极发展旅游业，把旅游活动作为经营对象，面向其他国家的居民生产和销售旅游产品。

（五）多样性

旅游市场的多样性特点由3个方面的原因共同决定：一是旅游产品种类和吸引力的差异化；二是旅游活动实现手段和旅游产品购买形式的多样化；三是旅游者需求和偏好的多元化。

(六)竞争性

由于旅游资源的范围和分布具有广泛性,各地都可能拥有种类齐全的旅游资源,并开发成具有地方特色的旅游产品,成为旅游者需求的对象。当旅游市场供给与需求都比较旺盛时,其竞争性必然异常激烈。

三、旅游市场的类型

根据旅游消费者之间需求的差异性,旅游市场可以为两个或更多的旅游消费者群体,以便旅游经营。因此,旅游市场出现了诸多类型。

(1)旅游市场按六大旅游区域可划分为欧洲市场、美洲市场、南亚市场、东亚太平洋地区市场、中东市场和非洲市场。这种划分方式是世界旅游组织依据世界各个地区在经济、文化、交通、地理、旅游者流向与流量等方面的状况和统计数字来划分的。

(2)旅游市场按地理范围可划分为国内旅游市场和国际旅游市场。国内旅游市场是由国内旅游者构成的,是指离开居住地在本国范围内做短暂停留的旅游者所构成的市场;国际旅游市场是由国际旅游者构成的,是指离开居住国到其他国家逗留不足一年的旅游者所构成的市场。国际旅游市场又可以分为出境旅游市场和入境旅游市场,出境旅游市场是指本国居民赴国外旅游的市场,入境旅游市场是指外国居民到本国旅游的市场。

(3)旅游市场按旅游者的实际消费水平不同可划分为豪华档旅游市场、标准档旅游市场和经济档旅游市场,亦可称为高、中、低档旅游市场。

(4)旅游市场按旅游目的地内容不同可划分为各种专项旅游市场,如观光旅游市场、度假旅游市场、会议旅游市场、商务旅游市场、探险旅游市场、探亲访友旅游市场、奖励旅游市场、文艺旅游市场、宗教旅游市场、文化旅游市场、民俗风情旅游市场、蜜月旅游市场、朝圣旅游市场等。

(5)旅游市场按旅游组织形式不同可划分为团体旅游市场和散客旅游市场。团体旅游是指旅行社经过事先计划、组织和编排旅游活动项目,向旅游大众推出的包揽一切有关服务工作的旅游形式;散客旅游是相对于团体旅游而言的,主要是指个人、家庭及15人以下的旅游者自行结伴出游的旅游形式。散客旅游者通常只委托旅行社购买单项旅游产品或旅游线路产品中的部分项目。

(6)旅游市场按季节可划分为淡季旅游市场和旺季旅游市场。不同的地域旅游的淡旺季不同,它受天气、旅游景点、国家政策等自然因素和社会因素的影响,故不能一概而论。

(7)旅游市场按接待的旅游人数多少可划分为主要旅游市场、次要旅游市场和机会旅游市场。主要旅游市场是指在旅游接待人数中占绝大比例的客源市场;次要旅游市场是指在旅游接待人数中占一定比例的客源市场;机会旅游市场是指在旅游接待人数中占较少比例,但是呈上升趋势的客源市场。

四、旅游者的流动规律

（一）近距离旅游流动量最大，远距离旅游流动量逐渐增大

许多经济发达国家的旅游在距离其惯常居住地200千米以内的旅游人数在全国旅游者中比例逐渐减少，而到距离其惯常居住地200千米以外的地方旅游的人数比例却在逐渐增加。今后，距离在2 500千米以上的远途客运量占世界航空客运总量的比重将会不断上升。

（二）流动量和流向集中在经济发达的国家和地区

国际旅游者及其支出的80%左右产生并流向这一区域。其原因如下：

（1）这些国家和地区的经济基础雄厚，国民收入水平高，闲暇时间多，都市化程度高，生活节奏快，人们外出旅游的机会多，可能性也比较大，这些国家和地区成为世界主要的旅游客源地和目的地。

（2）这些国家和地区拥有比较先进的交通工具、交通和通信网络，外出旅游比较方便、舒适、快捷。

（3）这些国家和地区的旅游资源非常丰富。

（4）这些国家和地区的历史底蕴深厚，经济关系紧密，欧洲国家之间、欧洲与北美之间的人员交往频繁。

（5）这些国家和地区的旅游业起步早、发展快、经验多、经营和管理水平高，在激烈的世界旅游市场竞争中始终处于优势。

（三）流向政治、经济和文化中心

一个国家和地区的政治、经济、文化中心都是大城市。它们或者是国家首都、地区首府，或者是经济中心城市。

（四）流向风景名胜区和文化特色显著区

地中海之滨、非洲天然动物园、埃及金字塔、中国万里长城、美国纽约曼哈顿都是各条国际旅游"黄金线路"的必经之地。

> 问题引导：请调研所在区域旅游市场的形成条件，并提出改善建议。

旅游劳模 践行剧场

平凡岗位做出不平凡成绩——樊亚萍

樊亚萍,女,汉族,大专文化,2009年成为衡阳创一酒店管理有限公司创富大酒店餐饮部的一名普通员工。参加工作以来,她从餐饮部传菜员、服务员做起,一路升任为酒店餐饮部培训主管。她获得了2011年度湖南省旅游饭店技能大赛三等奖,2014年被评为衡阳市劳动模范,2015年被评为湖南省劳动模范,获得2016年度湖南省"最美湘女"提名、全国旅游系统劳动模范。

"铺台布时,台布不能接触地面,台布中间折纹交叉点应正好在餐台中心,台布正面凸缝朝上,中心线直对正、副主人席位,四角呈直线下垂状,下垂部分距地面的距离要相等……"樊亚萍从北京领奖回来后,便投入工作中,而这前后她依然保持着一丝不苟与谦卑的工作服务态度。

发奋图强,将小事做到极致

2009年,19岁的樊亚萍入职创富大酒店。因为学历不高,她被安排到传菜员岗位。传菜员主要负责菜品的传送工作,厨房出菜时,及时传递餐厅用餐宾客的各种要求,并负责落实。

每天她都是提前换好酒店规定的着装,勤勤恳恳地搞好餐前区域卫生,认真检查保温台是否加水、电源是否完好、工作用具是否够用、单夹是否挂上等餐前各项准备工作。为了保证对号上菜,她默记每个包厢、台号,确保传菜准确无误,第一时间送到服务员手里。同时,她还熟记了酒店菜品的特色及制作原理和配料搭配。

传菜中,她遵循"八不上"原则,严把菜品质量关,即菜品装饰装碟不合格者不上;数量、分量不足者不上;色泽光泽不合标准者不上;不符合点菜员注明的要求者不上;出菜次序混乱不对者不上;点菜单上没有的菜不上;菜式里有异物者不上;未通知出菜而已出菜的情况下不上。

每次送菜到传菜小间时,她总是轻手轻脚,随出随传,不压菜,台位准确。在恰当的时间点,她为客人准备好米饭,并及时将前厅对出菜的要求告之厨房,将客人要求再制作的菜肴及时告之厨房。

创富大酒店总经理董霜玲说:"在传菜员的岗位上,话不多的小樊做得相当出色,这是我们之前没有想到的。后来通过观察,发现她把别人上网聊天的时间都用在了学习专业知识上。而且在实际工作中,她总能严格按照酒店餐饮的规程做事。"通过自己的努力,不到一年的时间,樊亚萍被调到了服务员岗位上。

勤练苦学，不断提升自己的专业素养

"星级旅游饭店酒店服务员，必须掌握托盘、斟倒酒水、摆台、餐巾折花、上菜、分菜等技能。"创富大酒店餐饮部经理高宣东介绍，仅仅摆台一项，包括碗、筷、匙、杯、盘、碟等大大小小的餐具100多样，按标准尺寸摆到桌面，在规定时间内完成，并且还要始终保持微笑。

"摆台操作时要左手托盘，右手摆餐具，摆台从主人位开始，站在椅子右边按顺时针方向进行，动作要求快而不乱……筷架应放在骨碟右侧，筷子摆在筷架上，筷尖距筷架5厘米，筷底距桌边1厘米。若使用多用筷架和长柄匙，将筷子、长柄匙置于筷架上，匙柄与吃盘相距3厘米，尾端离桌边1厘米。筷子配有筷套，筷子与吃盘相距3厘米并与吃盘中心线平行……"樊亚萍日复一日坚持不懈地练习，每天把大大小小100多样餐具按标准尺寸摆在桌面上，并且在规定时间内完成，还要保持微笑。有时候一个动作、姿势，她一天要练上几百甚至上千遍。

2011年6月，她被酒店选派参加全市旅游饭店技能技巧中餐宴会摆台比赛，要跟那么多的星级酒店高手同场竞技，樊亚萍不免有些紧张。不服输的樊亚萍坚持练习，一天甩上千次台布，练到胳膊都抬不起来，连拿筷子都发抖。她为了尽快提升业务技能，连续几个月不回家，还错过了给闺蜜当伴娘的机会。

功夫不负苦心人，在比赛中，樊亚萍以优异的表现获得了第一名的好成绩，并代表衡阳参加全省比赛，取得了三等奖的好成绩。之后，她又参加了第23届全国厨师节餐饮宴会摆台大赛，获得了金奖，开了衡阳旅游饭店业揽得国家级荣誉之先河。

衡阳市旅游饭店业协会轮值会长唐燕说："小樊过硬的技能，给我们衡阳旅游饭店业增了光、添了彩。之前，别说国家级的，就是省内的旅游饭店技能技巧比赛名次，基本上全被长沙各大星级宾馆包圆了。希望通过亚萍的这个典型事例，激励全市旅游饭店涌现出更多像她一样的优秀员工。"

服务细致体贴，好评如潮

2013年，她负责服务一场婚宴。婚礼仪式结束后，新娘换敬酒服时发现自己忘记了带袜子，新娘一筹莫展。见此，樊亚萍询问新娘："您若不介意就穿我的袜子吧？"新娘像抓到救命稻草般连回："可以、可以。"而樊亚萍则穿着职业短裙，光着腿站了一天。

住在创富酒店附近的贺女士经常会介绍亲戚朋友到酒店办酒宴。她告诉记者："有一次，我们几个朋友在包厢里喝酒，结果有个朋友喝醉吐得满地都是，樊亚萍没有任何怨言，一边招呼其他的同事帮忙送客人上车，一边动手清理污物。有时，看到腿脚不灵便的顾客，她总是主动上去搀扶。"

樊亚萍热情细致的接待、体贴周到的服务，赢得了广大顾客的青睐和业内人士的一致称赞。

董霜玲说："这几年，小樊一步一个台阶，虽先后被评为市、省、国家级劳动模范，但她还是一如既往做好工作，精益求精。特别是面对其他星级酒店许诺高薪聘请，她都婉言谢绝，让我们很欣慰。正是她的示范带动，近年来，酒店员工流动性大大下降，大家纷纷表示，只要把工作做好，平凡岗位也可以做出不平凡的成绩。"

（资料来源：环球网，2017-01-09. https://m.huanqiu.com/article/9CaKrnJZEg7）

第二节　旅游市场细分

市场细分的概念是美国市场学家温德尔·史密斯（Wendell R. Smith）于20世纪50年代中期提出来的。市场细分是指按照消费者欲望与需求把一个总体市场（总体市场通常太大，以致企业很难为之服务）划分成若干个具有共同特征的子市场的过程。因此，分属于同一细分市场的消费者，其需要和欲望极为相似；属于不同细分市场的消费者，对同一产品的需要和欲望却存在明显的差别。

一、旅游市场细分的概念

旅游市场细分实际上就是在对旅游市场进行市场调查的基础上，依据旅游者在需要、行为和习惯等方面的差异性，把总体的旅游者划分成若干个旅游者群的过程。旅游企业通过市场细分，制定不同的营销组合，制定不同的旅游产品、价格、营销渠道和促销方法等，以便更好地满足各种旅游消费者的不断变化着的需求。另外，旅游市场细分可以使旅游经营者更清晰地认识市场，通过对市场的各种特性进行整理、观察和分析，进而发现新的市场机会，挖掘出新的市场特性。在旅游市场被按照一定特性切割之后，旅游企业可以找出对于自己最为关键的市场部分，利用自身有限的资源集中对这部分市场进行开发和拓展，这样资源得到了充分的利用，企业的行为效率也实现了最大化。

二、旅游市场细分的依据

要进行有效的市场细分，就必须找到科学的细分依据。每个旅游者都具有许多特点，这些特点正是导致顾客需求出现差异的因素，每一个这样的因素都可以作为对市场实施细分的依据。不同类型的市场，细分的因素也有所不同，而且这些因素又处于动态之中，因此被称为"细分变量"或"市场细分标准"。总体来说,旅游市场可以按照以下几种标准进行细分(表5-1)。

表5-1 旅游市场细分标准与因素

细分标准	具体细分变量因素列举
人口属性 (人口统计) 变量	年龄※ 性别※ 种族 体型 血缘※ 出生地 家庭生命周期※ 家庭规模 收入※ 职业 受教育程度 国籍※ 祖籍 民族 宗教信仰
心理图式变量	气质性格 生活方式 社会阶层※
购买行为变量	购买动机※(如观光、度假、经商、探亲等) 利益追求※(如快速方便、舒适浪漫等) 购买时机※(如旺季、淡季、节假日等) 购买频数※(如很少旅游者、多次旅游者等) 购买形式※(按组织形式:团体、散客;按购买渠道:旅行社、航空公司、所在单位等) 营销因素敏感度(如对服务、价格、广告等的敏感程度等) 待购状态(如不知道、感兴趣、打算出游等) 产品使用状态(如未乘过飞机者、初次乘飞机者、经常乘飞机者等) 品牌忠诚度(如专一者、摇摆者、转移者、无所谓者) 对产品态度(如好感、冷淡、反感等)
地理环境变量	综合地理区域※(如洲别、国别、地区等) 空间位置※(如远程、中程、近程等) 气候与自然地理环境※(如热、温、寒带,高山、高原气候区等) 聚落与人文地理环境(如人口密度、各类城市、各类乡村等) 经济地理环境(如发达国家、发展中国家等)

注:带※号因素为旅游市场细分的常用基本变量因素

(一)按地理变量细分市场

旅游活动本身是以旅游者的空间位移为典型特征的,因此按照地理因素对旅游市场进行细分有着非常重要的意义。按地理区域进行细分有以下3种具体形式。

1.按主要地区细分

世界旅游组织根据地区间在自然、经济、文化以及旅游者流向等方面的联系,将世界旅游市场划分为六大区域,即欧洲区、美洲区、东亚及太平洋区、南亚区、中东区、非洲区。据有关统计,欧洲和北美旅游者及所接待的国际旅游人数最多,国际旅游收入也最高。而近20年来,旅游业发展和增长最快的地区为东亚及太平洋地区。

2.按国家或地区细分

通常所说的"国内旅游市场"和"国际旅游市场"是按国界进行的市场细分,这是旅游目的地国家或地区细分国际旅游市场最常用的形式。通过把旅游业按照国别细分,有利于旅游地或旅游企业了解主要客源国市场情况，从而针对特定客源国主要市场的需求特征，制定相应的市场营销策略，以收到良好的市场营销效果。

3. 按气候细分

各地气候不同会影响旅游者的消费情况，影响旅游者的流向。根据气候特点的不同，企业可以把旅游市场细分为热带旅游区、亚热带旅游区、温带旅游区、寒带旅游区等。如在冬季，对于我国的国内旅游市场来说，南方旅游者外出旅游的热点常常是北京、哈尔滨等地，而许多北方游客则把海南、桂林、云南等地作为外出旅游的首选。从国际旅游市场来看，凡气候寒冷、缺少阳光地区的旅游者一般趋向于到阳光充足的地区旅游。这也是地中海地区、加勒比海地区旅游业发达的主要原因。

此外，城市、乡村、地形和地貌等都可以作为地理细分的标准。

（二）按人口变量细分市场

人口统计变量细分是将旅游市场按照人口统计学变量，如年龄、收入、教育程度、职业、种族、性别、宗教、家庭规模、社会阶层等为基础划分成不同的群体，这些变量往往易于识别且便于衡量，人口统计变量细分是划分旅游者群体最常用的方法。一般情况下，旅游企业选择其中的一个或几个变量作为划分的标准。例如，按照人口年龄段，旅游市场可细分为老年人、中年人、青年人、儿童4个子市场。旅行社也可以按照家庭生命周期将旅游市场划分为新婚家庭、中年家庭和老年家庭，从而相应地推出"新婚旅游""合家欢旅游""追忆往昔旅游"等不同的旅游产品来满足个性化的需要。常见的人口细分标准主要有以下几种因素。

1. 性别

由于生理上的差别，男性与女性在产品需求和偏好上有很大不同，如在服饰、发型、生活必需品等方面均有差别。像美国的一些汽车制造商，过去一直是迎合男性要求设计汽车，随着越来越多的女性参加工作和拥有自己的汽车，这些汽车制造商研究市场机会，开始设计具有吸引女性消费者特点的汽车。

2. 年龄

不同年龄的消费者有不同的需求特点，如青年人对服饰的需求与老年人对服饰的需求差异较大。青年人需要鲜艳、时髦的服装，老年人需要端庄、素雅的服饰。

3. 收入

高收入消费者与低收入消费者在产品选择、休闲时间的安排、社会交际与交往等方面都会有所不同。例如，同是外出旅游，在交通工具以及食宿地点的选择上，高收入者与低收入者会有很大的不同。因为收入是引起需求差别的一个直接而重要的因素，所以在诸如服装、化妆品、旅游服务等领域根据收入细分市场相当普遍。

4. 职业与教育

按消费者职业的不同、所受教育的不同以及由此引起的需求差别细分市场。例如，农民购买自行车偏好载重自行车，而学生、教师则是喜欢轻型的、样式美观的自行车。又如，由于消费者接受教育水平的差异所引起的审美观具有很大的差异，因此不同消费者对居室装修用品的品种、颜色等会有不同的偏好。

5. 家庭生命周期

一个家庭，按年龄、婚姻和子女状况，可划分为7个阶段。在不同阶段，家庭购买力、家庭成员对商品的兴趣与偏好会有较大差别。

（1）单身阶段：年轻，单身，几乎没有经济负担，新消费观念的带头人，娱乐导向型购买。

（2）新婚阶段：年轻夫妻，无子女，购买力强，对耐用品、大件商品的欲望和要求强烈。

（3）满巢阶段一：年轻夫妻，有6岁以下子女，家庭用品购买的高峰期；不满足现有的经济状况，注意储蓄，购买较多的儿童用品。

（4）满巢阶段二：年轻夫妻，有6岁以上未成年子女；经济状况较好；购买趋向理智型，受广告及其他市场营销刺激的影响相对减少；注重档次较高的商品及子女的教育投资。

（5）满巢阶段三：年长的夫妇与尚未独立的成年子女同住；经济状况仍然较好，妻子或子女皆有工作；注重储蓄，购买冷静、理智。

（6）空巢阶段：年长夫妇，子女离家自立；前期收入较高；购买力达到高峰期，较多购买老年人用品，如医疗保健品；娱乐及服务性消费支出增加；后期退休收入减少。

（7）孤独阶段：单身老人独居，收入锐减；特别注重情感、关注等需要及安全保障。

除了上述方面外，经常用于市场细分的人口变数还有家庭规模、国籍、种族、宗教等。实际上，大多数旅游企业通常是采用两个或两个以上人口统计变量来细分市场。

（三）按心理变量细分市场

旅游者在心理上也具有许多不同的特征，如旅游动机、生活方式、兴趣爱好、价值取向、旅游习惯等，按心理变量细分市场就是按照这些标准对旅游市场进行细分。不同的心理需求、不同的个性，产生了消费者不同类型的购买动机，有的追求新颖，有的追求实用；有的对质量要求很高，有的则只求物美价廉。由于消费者心理需求具有多样性、时代性、可诱导性等特性，因此有时心理因素是很难严格加以判定的，很难量化和把握，但它对旅游市场划分却是极为有效的。

1. 旅游动机

人们在旅游活动中能获得心理上或精神上的满足，而人与人在心理满足上又有很大的差异性。例如，有的人旅游是为了寻求刺激，有的人旅游是为了寻求安宁。因此，旅游经营者应利用这种差异对市场进行细分，创造不同的市场特色。

根据旅游动机可以将在饭店住宿的客人分为公务客人和度假客人，与之对应的细分市场就是公务旅游市场和休闲旅游市场。饭店要根据自身的情况，确定自己的目标市场，进行产品定位和营销活动。

2. 社会阶层

社会阶层是指在某一社会中具有相对同质性和持久性的群体。处于同一阶层的成员具有类似的价值观、兴趣爱好和行为方式；处于不同阶层的成员则在上述方面存在较大的差异。很显然，识别不同社会阶层的消费者所具有的不同特点，将为很多产品的市场细分提供重要的依据。

3. 生活方式

通俗地讲，生活方式是指一个人怎样生活。人们追求的生活方式各不相同，如有的追求新潮、时髦，有的追求恬静、简朴；有的追求刺激、冒险，有的追求稳定、安逸。

4. 个性

个性是指一个人比较稳定的心理倾向与心理特征，它会导致一个人对其所处环境做出相对一致和持续不断的反应。俗语说，"人心不同，各如其面"，每个人的个性都会有所不同。通常，个性会通过自信、自主、支配、顺从、保守、适应等性格特征表现出来。因此，个性可以按这些性格特征进行分类，从而为企业细分市场提供依据。

（四）按行为变量细分市场

不同的旅游者在行为上往往会有很大的差异，因此按照旅游者的行为进行市场细分是很有效的。依据购买组织形式变量，可将旅游市场细分为团队市场和散客市场，这是旅游市场最基本的细分形式之一。近年来，散客市场得到很大的发展，成为世界旅游市场的主题，在这一市场中，形式也日益复杂多样，出现了独自旅游、结伴同游、家庭旅游、小组旅游等形式。例如，有些旅游者在旅游时只乘坐某一家航空公司的飞机或只住一家旅店，因此航空公司和饭店可以按照这种行为习惯将旅游者分为坚定的品牌忠诚者、转移型的忠诚者和无品牌偏好者，然后通过一系列市场营销活动来扩大市场占有率。具体包括以下细分方法。

1. 按购买目的细分市场

按一般旅游者外出旅游的目的来细分市场，大体上可分为度假旅游、观光旅游、公共会议旅游、奖励旅游、探亲访友、购物旅游、美食旅游、探险旅游、体育保健旅游等。这些细分市场由于旅游者购买目的的不同，对旅游产品的需求特点也有差异。

2. 按旅游者寻求的利益细分市场

一般来说，旅游者购买某种产品，都是在寻求某种特殊的利益。因此，企业可以根据旅游者对所购产品追求的不同利益来细分市场。旅游企业在采用这种方法时，首先要断定旅游者对旅游产品所追求的主要利益是什么，追求各种利益的是什么类型的人，各种旅游产品提供了什么利益，然后根据这些信息来采取相应的市场营销策略。例如，一部分商务旅游者往往把豪华舒适的设备设施、周到完美的服务作为追求的利益标准；另一部分商务旅游者则把快捷高效的服务作为利益标准。

细分市场的"另类对策"

在产品营销竞争中，经营者要从实际出发，选择适当的市场目标，并拟定进入该市场的最佳营销组合手段，设计出与竞争对手迥异的产品，满足各种市场、各类顾客的需要，以区别于对方的销售策略，用最低的成本，争取最大的销售效果，从而打破相持不下的局面，比对手向前跨越一步。

这一策略的实质是在企业之间的竞争处于"零差"阶段时，通过对市场的细分化，实现同中求异的市场目标。通过分析，可以发现那些尚未被竞争者占领的空白市场和潜在市场，可以为企业寻求新的市场机会，从而使其采取行之有效的竞争策略和营销手段，战胜竞争对手。

3. 按使用情况细分市场

使用情况是指旅游者从前是否有过某种产品或服务的经历。按这种标准，旅游市场可细分为潜在使用者、初次使用者和经常使用者市场，如从未光顾的客人、初次光顾的客人、回头客等。对潜在使用者、初次使用者和经常使用者应分别采用不同的营销方法。

4. 按购买、使用产品的过程及方式细分市场

根据旅游者购买、使用产品的过程及方式的不同细分市场。例如，旅游企业往往根据旅游者外出旅游的过程和方式把旅游者划分为团体客人和散客。在旅游接待中，团体客人和散客对旅游方式、旅游产品与服务等方面的需求会有很大的差别。

5. 按购买时机细分市场

按购买时机细分市场是按旅游者购买和使用产品的特定时机细分市场。例如，某些企业产品和服务项目主要适用于某个特定时机，如劳动节、国庆节、春节、寒暑假等。企业可以把特定时机的市场需求作为服务目标，如旅行社可以专为某种时机提供某些旅游服务，餐厅可以在某个特定时机推出特定的菜肴和服务（春节年夜饭等）。

6. 按旅游者忠诚度细分市场

旅游者忠诚度是指一个旅游者不得不购买某一品牌商品的一种持续信仰和约束的程度。例

如，通过调查旅游者外出时对特定的航空公司、特定的旅行社、特定品牌酒店的忠诚程度，辨别本企业的忠诚顾客。旅游企业发现并维护这类顾客是十分重要的，企业应该为他们提供更好的服务。旅游企业可以通过给坚定的顾客某种形式的回报或鼓励，来培养旅游者对本企业的忠诚度。不少饭店管理集团纷纷推出各种奖励项目，较为典型的一种形式是吸收那些多次购买本企业产品并忠实于本企业的顾客为会员，按购买数量的多少给予不同程度的奖励，以增加客源的稳定性。

旅游市场细分的目的就是寻找那些忠实于本企业产品、购买频率及规模程度都很高的顾客作为本企业的目标市场。

> **问题引导**：请观察本地旅游市场，按照类别进行细分，举例说明。

三、旅游市场细分的步骤

（一）选定产品市场范围

旅游经营者在确定了总体经营方向和经营目标之后，就必须确定其经营的市场范围，这项工作是企业市场细分的基础。市场范围是以旅游者需求为着眼点确定的，因此通过调查工作分析市场需求动态是必要的。同时，企业应充分结合自己的经营目标和资源，从广泛的市场需求中选择自己有能力服务的市场范围，不宜过窄或过宽。例如，某旅游公司打算在乡间建造一家度假酒店，若只考虑产品特征，该公司就可能认为这座酒店的消费对象是普通的游客，但从市场需求角度看，高收入者也可能是这幢度假酒店的潜在顾客。因为高收入者在住腻了高楼大厦之后，恰恰可能向往乡间的清静，从而成为这种度假酒店的顾客。

（二）列举潜在顾客的基本需求

在确定适当的市场范围后，根据市场细分的标准和方法，了解市场范围内所有现实和潜在顾客的需求，并尽可能详细归类，以便针对旅游者需求的差异性，决定采用何种市场细分变量，为市场细分提供依据。例如，公司可以通过调查，了解潜在消费者对度假酒店的基本需求。这些需求可能包括安全、交通方便、宁静、设计合理、服务细致周到、室内陈设完备、工程质量好等。

（三）了解不同潜在顾客的不同要求

对于列举出来的基本需求，不同顾客强调的侧重点可能会存在差异。例如，交通方便、安全是所有顾客共同强调的，但有的顾客可能特别重视度假生活是否丰富，对康乐设施有特别的要求。还有的顾客则对环境的安静、内部装修等有很高的要求。通过这种差异比较，不同的顾客群体可被初步识别出来。

（四）抽掉潜在顾客的共同要求，以特殊需求作为细分标准

通过分析不同旅游者的需求，找出旅游者需求类型的地区分布、人口特征、购买行为等方面的情况，并做出分析和判断，构成可能存在的细分市场。上述所列游客对度假酒店的共同要求固然重要，但不能作为市场细分的基础。例如，安全、交通方便是每位用户的要求，就不能作为细分市场的标准，因而应该剔除。

（五）筛选最适合的细分市场

针对潜在顾客基本需求上的差异，企业应分析哪些需求因素是重要的。通过与企业实际情况和各个细分市场的特征进行比较，寻找主要的细分因素，筛选出最能发挥本企业优势和特点的细分市场，将其划分为不同的群体或子市场，并赋予每一个子市场一定的名称。

（六）进一步分析每一细分市场的需求与购买行为特点

通过深入分析各细分市场的需求，了解旅游市场上消费者的购买心理、购买行为等，对各细分市场进行必要的分解或合并，这项工作将帮助企业寻找并发现最终的目标市场。

（七）估计每一细分市场的规模和潜力

在前面6个步骤完成后，各细分市场的类型已基本确定，此时企业应估算各细分市场的潜在销售量、竞争状况、赢利能力和发展趋势等，并找出市场的主攻方向，进而确定目标市场。

市场细分的以上步骤有利于企业在市场细分中正确选择营销目标市场，但无须完全拘泥于某一种模式，可以根据实际情况进行简化、合并或扩展。

旅游劳模 践行剧场

"大师工匠"走进旅院　点亮学子"匠心梦"——李文波

简单的食材，精湛的刀工，独特的排盘手法，10分钟时间，2盘精致的冷菜盘饰呈现在师生面前。这是劳模进校园活动之全国五一劳动奖章获得者、西安饭庄总店行政总厨李文波大师在浙江旅游职业学院现场展示冷菜制作。李大师刀工精湛，他用"刀行食材间"的娴熟技艺，仅用橙子、萝卜、莴笋、番茄等普通的食材就快速地为师生展示了食品雕刻技能。

这一幕出现在2023年6月8日由浙江旅游职业学院承办的"中国梦·劳动美——凝心铸魂跟党走　团结奋斗新征程"2023年"劳模工匠进校园"活动上。当日上午，杭州市劳模、杭帮菜掌门人、G20杭州峰会餐饮文化专家组组长胡忠英，第十一届及第十二届全国人大代表、全国劳动模范、十大中华名厨之一、湘菜泰斗、湘菜非遗传承人许菊云，全国五一劳动奖章获得者、全国技术能手、共青团中央2013最美青工、西安饮食股份有限公司西安饭庄总店行政总厨李文波，第十四届全国人大代表、"时代楷模"、全国劳动模范、全国最美志愿者、中华慈善奖"慈善楷模"钱海军出席了本次"劳模工匠进校园"活动，4位时代劳模工匠与师生们分享了自己的劳动故事，带领大家走进他们的"技能成才之路"，畅谈奋斗感悟，对话青春传承。

现场还举行了"客座教授"聘任仪式，聘请胡忠英、许菊云、李文波、钱海军4位时代劳模工匠担任浙江旅游职业学院"客座教授"，校长杜兰晓为"客座教授"颁发聘书。

会后，大师们前往现场指导国家级金晓阳大师工作室的师生作品。走进厨艺学院新实训楼，首先映入眼帘的是一抹"亚运蓝"。为了迎接劳模工匠的到来，国家级金晓阳大师工作室的学子制作了一桌"迎亚运"主题宴席，中餐、西餐、中点、西点的同学们使出了浑身解数，将自己最佳的技巧展示在这场宴席中。

"我今天参与制作了菊花鱼，听闻厨艺界泰斗大师要来指导，我从几周前就开始准备，也多次跟金晓阳老师请教如何更好地呈现这道菜。我选用了西湖的草鱼，多次训练刀工、油炸技巧，保证鱼肉在下油锅的时候'开花'。今天这道菜的呈现是我比较满意的，希望能得到大师的指点。"国家级金晓阳大师工作室的成员吴文杰说道。

李文波大师在看了学生们的作品后点评道："这些大师工作室的学子雕刻技能非常不错，而且能够把杭州的三潭印月、亚运的大小莲花都活灵活现地表现出来，确实让人惊喜！"其余3位大师也纷纷对同学们的作品予以肯定。

据了解，省总工会从2017年开始组织开展"劳模工匠进校园"活动，至今已举办了1 900多场，取得了良好的社会反响。本场劳模工匠走进浙江旅游职业学院的活动，广泛传播了劳模事迹、工匠故事，让劳模精神、劳动精神和工匠精神在校园内落地生根、开花结果。

（资料来源：钱江晚报，2023-06-09. https://baijiahao.baidu.com/s?id=1768213039953966429&wfr=spider&for=pc）

第三节　我国的旅游市场

旅游市场通常是指旅游需求市场或旅游客源市场，即某一特定旅游产品的经常购买者和潜在购买者。从经济学角度讲，它是旅游产品供求双方交换关系的总和；从地理学角度讲，它是旅游市场旅游经济活动的中心。旅游市场属一般商品市场范畴，具有商品市场的基本特征，包括旅游供给的场所（即旅游目的地）与旅游消费者（即游客），以及旅游经营者与消费者之间的经济关系。旅游市场与一般商品市场的区别在于它所出售的不是具体的物质产品，而是以劳务为特征的包价路线。同时，旅游供给与消费过程同步进行，具有很强的季节性。

一、我国的入境旅游市场

（一）入境旅游市场概述

根据世界旅游组织的解释，入境旅游是指非该国的居民在该国的疆域内进行的旅游。根据我国目前的界定，海外客源由3部分人构成，即外国人（含外籍华人）、海外华侨、港澳台同胞。

我国入境旅游市场主要包含以下特点：

（1）我国的入境旅游人数一直在上升，自1980年在世界排名第18位上升到2020年的第4位。

（2）在入境游客人数中，我国香港、澳门、台湾的游客仍占绝大多数，主体地位仍然稳固。

（3）我国的外国人旅游市场基本稳定，除美国一直是我国旅游的主要客源国外，其他主要集中在东北亚和东南亚地区。其中，排名前十的旅华客源国包括韩国、日本、美国、俄罗斯、蒙古、马来西亚、菲律宾、新加坡、印度、泰国。

（4）入境游客的主要目的是以了解中国特色文化和游览观光为主，即集中在山水风光、文化艺术和美食烹调等方面。

（5）随着我国入境游客人数的增多，我国的旅游外汇收入也在稳步增加，在世界的排名不断上升。

（二）重点客源市场的选择

1.我国旅游港澳台客源市场

自改革开放以来，香港特别行政区、澳门特别行政区、台湾地区同胞一直是祖国大陆接待人数最多的入境旅游者。

在地理位置上，香港、澳门同内地接壤，台湾与大陆仅隔台湾海峡；在经济上，香港、台湾经济较发达，曾有"亚洲小龙"之称；在文化上，它们与大陆同根，和中华民族同在政治版图上，香港、澳门是我国的两个特别行政区，而台湾是我国不可分割的一部分。"一国两制"的实施，更加强了香港、澳门同内地各方面的联系，它们不仅为内地直接提供入境客源，还是其他国际客源的中转站，间接地为内地提供入境客源。

自香港、澳门回归祖国以后，随着"一国两制"和SEPA框架贯彻实施，继续推动港澳入境旅游客源市场的发展。一方面，香港经济繁荣、居民生活消费水平高，提供了我国大部分入境旅游客源。另一方面，香港是世界金融贸易中心和著名旅游城市，拥有世界一流的交通、通信设施，是世界重要的旅游中转客源市场，是亚太地区的国际旅游中心和进入祖国内地的重要通道，每年会有大量的国际商务旅游者和工商人士通过香港入境到内地旅行。

2. 亚洲客源市场

（1）日本市场。日本位于亚欧大陆东部、太平洋西部，由数千个岛屿组成，众列岛呈弧形，是与我国一衣带水的邻邦，来往交通方便，与我国在文化上有着深厚的历史渊源。1972年，中日邦交正常化后，两国经贸关系得到恢复和发展，日本来华旅游者一直持续上升，成为中国重要的旅游客源市场。

（2）韩国市场。韩国位于朝鲜半岛的南半部，西与我国的山东省隔黄海相望，是亚洲地区经济实力较强的国家之一。自1992年8月中韩正式建交以来，韩国来华旅游人数逐年增加，并很快成为我国的较大旅游市场，其原因有三：第一，我国旅游资源丰富多彩，可以满足韩国游客多种多样的旅游需求；第二，两国地理位置较近，来我国旅游经济阻力较小；第三，随着全球经济一体化的趋势，中韩两国之间的经济贸易联系愈加紧密，交流领域也在逐步拓宽，因而会有更多的韩国人因商业目的来我国。因此，进一步开拓韩国客源市场，是我国发展入境旅游的一大关键，也对于提高我国入境旅游发展水平具有重要的意义。

（3）东南亚市场。东南亚共有10个国家，其中越南、老挝、柬埔寨、泰国、缅甸五国位于中南半岛（又称中印半岛或印度支那半岛），故称"半岛国家"；而菲律宾、马来西亚、文莱、新加坡、印度尼西亚五国位于马来群岛，故称"海岛国家"。1967年海岛五国与泰国组成"东南亚国家联盟"，简称"东盟"。

东南亚地区在全球旅游客源市场中不是一个独立的区域，属于东亚及太平洋旅游区。但是，由于与我国距离较近，在经济、文化和社会生活上都有着特殊的联系，尤其是东南亚地区中的新加坡、马来西亚、泰国、印度尼西亚和菲律宾五国，长期以来一直是我国海外旅游客源市场中的一支主要力量。

自20世纪90年代以来，新加坡和菲律宾来华旅游的人数不断增长，一直居于前10位，新加坡、菲律宾和马来西亚三国构成中国旅游业的一个较大且较稳定的客源市场。

3. 美洲客源市场

我国美洲入境的旅游客源市场主要来自美国和加拿大。北美地区是世界旅游重要的客源市场，北美地区的人口规模、富裕程度、教育水平和城市化程度等条件决定了该地区是世界上国际旅游的重要客源地。中国有丰富的自然旅游资源，特别是中国悠久的历史、丰富的文化以及中华武术、少数民族风情等都对北美旅游者具有很大的吸引力。随着我国经济的高速发展和全面开放，北美地区已经成为我国最大的投资、贸易、旅游伙伴之一，为更多北美地区的旅游者来我国旅游创造了积极的条件。

4. 欧洲客源市场

（1）俄罗斯是我国主要的客源市场。中俄两国互为最大的邻国，自20世纪80年代两国关系正常化以来，随着经贸合作关系的发展，两国之间的跨国旅游，特别是我国与俄罗斯相邻的一些省区利用地缘相近的优势开展的边境旅游蓬勃发展。近年来，俄罗斯来我国旅游的人数迅速增长，已经成为我国入境旅游人次数最多的欧洲国家。

（2）欧洲大多数是世界先进的工业国家，经济实力位居全球前列，国民贫富差距小，社会性福利保障系统完善，居民生活水平和受教育程度高，早期就有外出旅游的习惯，是全世界主要的客源市场之一。目前，欧洲各国旅游者到亚太地区旅游的兴趣正在增强，市场潜力非常大，我国应该加强对西欧入境旅游市场的开发力度。

由于我国是世界人口最多的发展中国家，发展潜力巨大，而欧洲则是世界主要的资本市场，我国与所有欧洲国家已建立起广泛而紧密的经济、文化交往。我国入境旅游市场中的欧洲旅游者的比重将会不断增加。

5. 大洋洲客源市场

大洋洲客源市场主要是指澳大利亚市场。由于人文地缘的关系，澳大利亚人出国的主要目的地是新西兰、英国和美国，但是近年来出国人员中到我国旅游的人数越来越多。澳大利亚是亚太地区少数发达国家之一，是我国应该积极开发的、非常有潜力的入境旅游市场。

了解我国的主要入境旅游市场，有助于我国积极拓展新兴市场、重点开发潜力市场；有助于我国旅游经营者向来自这些国家和地区的旅游者提供他们所喜好的、有对性的服务产品；有助于促进我国旅游业提高服务质量和管理水平，更好地满足旅游者的各种需求；有助于加强我国政府旅游部门和旅游企业的市场研究、开发、宣传促销工作等。

> 问题引导：我国的入境旅游主要是来自哪些国家的旅游者？

二、我国的国内旅游市场

(一)国内旅游市场现状

2020年以来,我国旅游产业受到巨大冲击,国内旅游在经受巨大冲击后仍仅呈现缓慢恢复的态势。截至2021年底,我国国内旅游市场游客总量及收入虽较2020年有所恢复,但与2019年水平保持较大的差距。

1.游客数量逐步恢复

根据中华人民共和国文化和旅游部发布的国内旅游抽样调查统计结果显示,2021年我国国内旅游总人次为32.46亿,比上年同期增加3.67亿,增长12.8%(恢复到2019年的54.0%),如图5-2所示。其中,城镇居民为23.42亿人次,增长13.4%;农村居民为9.04亿人次,增长11.1%。

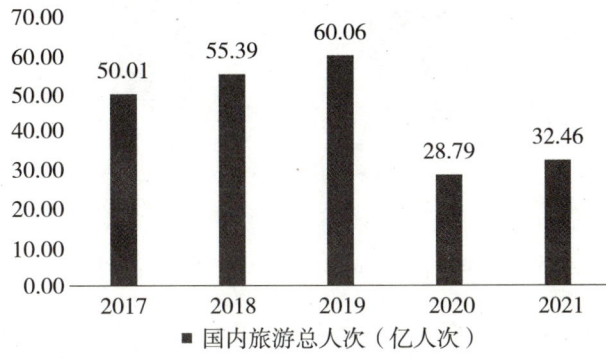

图5-2　2017—2021年国内游客人次变化情况

2.旅游收入恢复速度较快

值得注意的是,我国国内旅游收入较游客人次的恢复情况更为理想。2021年我国国内旅游收入(旅游总消费)为2.92万亿元,比上年同期增加0.69万亿元,增长31.0%(恢复到2019年的51.0%),如图5-3所示。其中,城镇居民旅游消费为2.36万亿元,增长31.6%;农村居民旅游消费为0.55万亿元,增长28.4%。

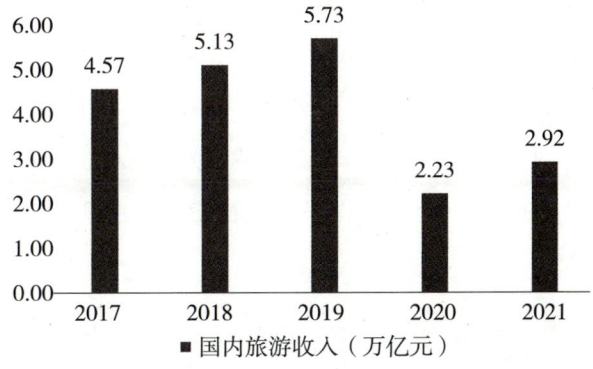

图5-3　2017—2021年国内旅游收入变化情况

（二）旅游产业发展特点

1.周边游持续火热

根据2021年国庆假日期间的国内旅游数据显示，国内游游客的出游距离和游憩半径呈现双收缩的态势，如图5-4所示。其中，游客平均出游半径为141.3千米，比2020年缩减71.7千米，减少33.66%；目的地平均游憩半径为13.1千米，比2020年缩减1.1千米，减少7.75%。"3小时"旅游圈成为假期主要活动范围，以都市休闲、近郊游为主的"本地人游本地"特征明显。从游客群体来看，城镇居民更青睐远方的风景，其在300千米以上出游距离的比重为12.2%。

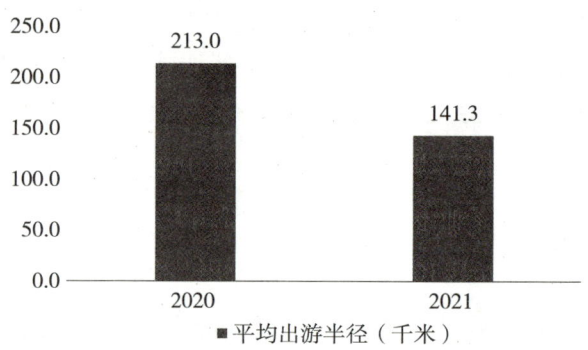

图5-4 2020年、2021年国内游客平均出游半径变化

在周边游持续火热的同时，产品同质化严重、多业态联动不足、创新缺乏成为制约周边游景区发展的重要因素。目前，消费者更加关注安全、卫生、高品质和私密性，喜欢小众群体参与的户外活动，更愿意探索本地的特色体验产品。旅游目的地可以从消费者需求出发，提升周边游产品的丰富度，进一步拓宽周边游市场潜力及提升吸引力。

2.都市休闲游、乡村游成为出游热点之一

近年来，都市休闲游、乡村游已成为国内游客出游的热点之一。特别是以短时间、近距离、高频次为特点的"轻旅游""微度假""宅酒店"成为很多人的热门选择。根据相关调查显示，五成左右游客选择城市周边乡村和郊区公园游玩，体验秋收、赏秋色、泡温泉、采摘等项目受到游客欢迎。从出游范围看，农村游客选择本省市内及城郊旅游的比例高达35.4%，比城镇居民高8.9个百分点；城镇居民选择跨省游的比重为23.9%，比农村居民跨省游高5.2个百分点。

从游览区域看，游客年龄与城郊乡村的需求呈正相关，与对山林水草景区和人文景区的需求呈负相关。高收入群体对人文景观和山林水草自然观光景区的需求更高。亲子旅游、研学旅游需求集中释放，45岁以下的游客更喜欢和家人一起出游，比例高达四成左右（表5-2）。

表5-2 不同年龄群体的游览区域偏好

年龄段	山林水草景区	城郊乡村	城市公园	人文景区
25岁以下	29.60%	43.00%	12.9%	12.7%

续表

年龄段	山林水草景区	城郊乡村	城市公园	人文景区
26—35岁	26.30%	53.80%	11.50%	8.00%
36—45岁	21.80%	57.40%	13.00%	7.40%
46—60岁	14.80%	63.80%	13.00%	7.40%
60岁以上	3.70%	62.90%	29.60%	3.70%

3. 夜间文旅成为新增长点

近年来，全国各大目的地纷纷布局夜间旅游，江河夜游、夜间演艺、小吃夜市等各类项目相继亮相，不少景区也尝试延长游览时间，为游客提供了更多夜游选择，夜间旅游消费已成为近年文旅产业高质量发展过程中的突出亮点，如图5-5所示。

图5-5　2016—2023年我国夜间旅游市场规模

与此同时，夜间旅游概念的提出，为旅游资源开发和利用带来了新的增长方式。根据马蜂窝旅游发布的数据显示，72.22%的"95后"游客会在旅行中专门策划夜间游玩的行程，"90后"和"00后"的夜游人群占比也超过60%。国内各大旅游目的地的"夜景""夜市"也都成为当地旅游的热搜关键词。相比常规的日间游览，夜游从时间维度拓宽了旅游资源的延展面，也为目的地文旅产业的发展提供了更多可能性。

4. 线上线下文旅融合

当今时代，一些平台型互联网企业与文博机构、旅游景区合作，通过"会员模式""流量转化模式""体验付费模式"等方式，整合打造市场化的数字文旅消费平台，不断提升数字文旅产品的供给质量。同时，强化数字文旅体验和线上线下互动，将文化内容与数字娱乐充分融合，将文化场馆、旅游景区植入网络游戏、动漫、电影、直播等数字娱乐场景之中，采取"游戏+虚拟游""动漫+云展""电影+沉浸式体验"等方式，构建数字"虚拟文化空间"，带动由虚拟体验形成的周边产品消费。引导线上用户转化为文化场馆和旅游景区的实地游览、线下消费，将用户、信息和消费在实体空间和虚拟空间之间充分互动交融,实现游前线上虚拟体验、游中现场沉浸体验、游后数字回味体验的全体验流程。

> **旅游在线**

> ### 巴中南江:"特色民宿+直播带货"带活了乡村经济
>
> 巴中市南江县通过发展乡村旅游和电商、搭建助农平台等一系列措施,正源源不断激活农村消费潜力,为乡村振兴赋能。
>
> #### 发展乡村避暑经济　打造特色旅游民宿
>
> "房间已经预订到本月21日了,住宿和餐饮每天营业额基本都在四五千元以上。"谈及最近火爆的乡村旅游,南江县赤溪镇的半山星空民宿负责人易爽十分满意。
>
> 南江县赤溪镇西厢村有着丰富的历史人文资源和生态自然景观,村里古树、古桥、古庙、古牌坊保存完好。原本是贫困村的西厢村近年来逐步成为乡村旅游打卡地,其中村内的半山星空民宿声名在外。该民宿位于西厢村的海拔高处,可俯瞰大半个西厢村,而民宿全是小木屋,外观简约,内部却承载着暖心的"家的味道",颇受游客欢迎。
>
> #### 特色民宿
>
> "与之前相比,我们的价格没有涨,还是288元每间。"易爽告诉记者,与往年同期相比,生意的确好了很多,游客大多数是本地人。市民何军这个周末才去留萤小筑玩了一天,赞不绝口:"价格亲民,不仅住得舒服,吃得也安逸,地道的农家菜,绿色、健康。"
>
> 据了解,南江县因地制宜发展乡村夏日避暑经济,推出康养、研学、休闲等不同主题的避暑旅游产品,打造特色旅游民宿。目前,共发展乡村农家乐、宾馆、饭店1 000余家,预计可接待避暑游客42万人次,极大地拉动了消费,促进了经济增长。
>
> #### 优化电商服务体系　优质农产品不愁卖
>
> 在发展电商方面,南江县还积极构建县乡村三级电商服务体系,目前已建成乡镇电商服务站48个、村电商服务网点304个,开设特色产品旗舰店、特产商城等200余家。2021年,完成电商培训200人次,带动创业就业50余人。
>
> 前不久,南江县"互联网+南江产"普惠活动启动仪式在红光镇黑池村开幕。此次助销活动以"惠工优选好品,助力乡村振兴"为主题,通过创新方式、搭建平台,积极推进南江本土农特优质产品宣传和推广。该活动分为外销寄递普惠及线上"直播带货"两大板块,通过媒体宣传、现场体验,实现本土农特产品与消费者之间有效链接;推广试吃试用,使直播与电商双向融合,助力消费者提升消费体验,从而助推"南江产"优质农特产品走出大巴山,进一步打造南江县乡村旅游名片,加快乡村振兴。

> 红光镇黑池村是南江县的杨梅种植大村，目前已规模发展杨梅2 000多亩，其中投产的达到400多亩。所采摘的杨梅基本都是通过"线上+线下"模式进行销售的，该村村支部书记梁勇说，其中线上销售5 000多公斤，销售额达到30多万元。
>
> "现在网络发达，物流快捷，网上销售真的很方便。"梁勇说，在杨梅采摘旺季，随便在朋友圈发一下，有时就能收到订单。
>
> 据了解，南江县通过积极搭建助农平台，实施"互联网+"供销社工程，开通"农村缴费一站通"，运营农产品收购、快递收发、话费充值等业务，扩宽农村经济消费渠道，目前建成乡镇供销社33个、村级综合服务社45个，直接受益群众5 000余人。

5. 旅游消费结构多元化，精神消费多样化、系列化

旅游消费结构呈现多元化的状态，由基本满足型向舒适型、享受型过渡。我国国内旅游消费结构中食、住、行的比重达75%～85%，游、购、娱占15%～25%。在旅游业发达国家和地区的旅游消费中，游览、购物、娱乐占支出的60%。我国旅游消费中，物质消费多，精神消费少。今后，我国国内旅游消费结构中游览、购物、娱乐的比重将逐步上升，精神消费也会多样化、系列化。

旅行路线由短途向长途发展，人们的眼光逐步投向外面的世界，南方人想领略一下冰城风光，北方人向往亚热带气候；内地人憧憬大海的辽阔，沿海人想探寻奇峰异谷的神秘。

国内旅游向出国旅游延伸，边境旅游口岸的增加使边境旅游日益成为出国旅游的热点。中国旅游者到越南、缅甸、俄罗斯的人数日益增长，随着收入水平的提高，部分富裕阶层会把目光投向洲际旅游。

> 问题引导：简述我国旅游市场近几年的发展态势。

三、我国的出境旅游市场

中国公民出境包括因公出境、因私出境和出境旅游三大部分。出境旅游中又包括边境游、港澳游和出国游。

1997年7月1日，由国家旅游局（现中华人民共和国文化和旅游部）与公安部共同制定并经国务院批准的《中国公民自费出国旅游管理暂行办法》发布实施，标志着中国公民自费出国

旅游概论

旅游的正式开始。该方案于2022年7月1日起废止,《中国公民出国旅游管理办法》于2002年7月1日起正式施行。1999年,中国的国际旅游消费额达到109亿美元,在世界15大国际旅游消费国中居第9位。2000年,我国接待的外国旅游者突破1 000万人次大关后,出境旅游人数也首次超过1 000万人次。2004年是我国公民旅游目的地数量增加最快的一年,我国出境人数达到2 850万人次。2017年,中国公民出境旅游人数达到13 051万人次,比上年同期增长7.0%;2018年,中国公民出境旅游人数达到14 972万人次,比上年同期增长14.7%;2019年,中国公民出境人数达到16 921万人次,比上年同期增长4.5%。我国在出境旅游市场的规模上,除个别年份外,多年来都保持了高速增长。2020年以前,随着改革开放的不断深入、综合国力的增强以及人们收入的增加,出境旅游热情高涨,行业强劲增长。2020年在新冠疫情的冲击下,中国出境旅游人数断崖式下跌,仅为20 033.4万人次,同比减少86.9%。

在出境旅游的目的地国家和地区方面,我国公民自费出境的主要目的地集中在我国港澳地区,以及韩国、俄罗斯、东南亚国家。

在我国居民出国旅游目的国的确定上,由中华人民共和国文化和旅游部提出并交外交部、公安部协商后送报国务院审批。截至目前,除中国香港、澳门两个特别行政区外,已有135个国家成为我国公民出境旅游目的地,包括泰国、新加坡、马来西亚、菲律宾、韩国、澳大利亚、新西兰、日本、印度尼西亚、德国、印度、法国、西班牙、意大利、奥地利、芬兰、瑞典等。

> **问题引导**:你家乡的外国游客多吗?他们主要来自哪些国家?请分析原因。

旅游劳模 践行剧场

全国旅游系统劳动模范——陈春芳

陈春芳,2011年12月被授予全国旅游系统劳动模范荣誉称号,现任浙江华夏国际旅行社有限公司董事长、浙商经济发展中心理事会主席团副主席;台州市椒江区第十届政协常委。

陈春芳自1994年底结缘旅游业,并于1998年6月创办台州华夏旅行社(现浙江华夏国际旅行社有限公司)。历经24年的拼搏,营业收入从1998年的几十万元递增到2022年的1.47亿元,企业规模从1间门店4个人发展到7家分公司20多个服务网点,拥有员工100多人;成为台州市乃至浙江省旅游界的领军人物。

2008年奥运会，陈春芳推出"寻踪奥运，感受北京"主题旅游活动，组织1 000多位台州人坐着专列到北京看奥运会场馆。并在世博会期间，承接"世博会"台州总代理权，组织6.8万台州市民到上海参观。

"让游客因为我们的服务变得更文明、更快乐，让社会因为我们的付出变得更和谐、更健康。"这是她心中的梦想。她不断地在实践中提升企业的文化定位，从"游天下找华夏"提升到"一切为了您快乐地生活在别处"。2012年，华夏国旅荣膺浙江省五星品质旅行社。

2019年陈春芳再定位于"让旅行变得更有意义"，确立了"为客户创造价值，为员工搭建平台，为社会承担责任，为行业互生共赢"的企业价值观。她还亲自参与编写"地陪导游员服务规范"，主编《走进台州——地接导游手册》，培养和造就了一大批旅游专业人才。

面对2020突如其来的新冠肺炎疫情，她勇于担当，提出"抗疫我也有份"，第一时间为疫情严防村捐送物资，向慈善总会等捐赠防疫专款。当省文旅厅通知恢复省域内旅游经营活动，当即策划"春来疫去——台州人游台州"5个首发团和"浙江人游浙江"等系列产品，点燃游客热情，振兴旅游市场。公司荣登浙江文旅系统2020抗疫"三月英雄榜"，荣膺椒江区最美爱心大使。

2022年，浙江华夏国际旅行社荣获2022年度"台州市十佳旅行社"与此同时，在"2022年度浙江省旅行社营收前40强"评比中浙江华夏国旅荣获第17名。

（资料来源：椒江微工会，2022-07-19. https://mp.weixin.qq.com）

归纳总结

章节名称：		日期：	
专业：	班级：		姓名：

索引区域
请对本章节所学内容进行要点提炼。

笔记区域
记录本章节中的重点、难点和中心思想，对未掌握部分进行梳理。

总结区域
请对本章节所学内容进行归纳总结。

课后测试

课程名称	旅游概论	专业	
学习任务	第五章　旅游市场	班级	
学习内容	1.旅游市场初探 2.旅游市场细分 3.我国的旅游市场	姓名	

1. 什么是旅游市场？旅游市场形成的条件是什么？

2. 旅游市场是如何细分的？

3. 我国的主要入境旅游市场有哪些？

4. 如何全面提升我国的国内旅游市场？

第六章 生态旅游与可持续发展

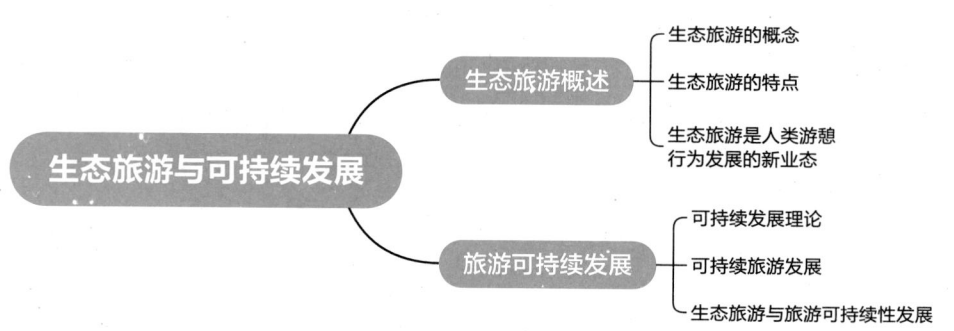

学习指南

◎ 知识目标：了解可持续发展理论的概念、基本内容及指标体系；认识旅游业引入可持续发展的必要性，树立正确的旅游可持续发展观；理解旅游可持续发展的绿色通道以及旅游可持续跨越发展的基础；掌握旅游可持续发展的实质和目标，生态旅游的基本概念、衡量标准及特点。

◎ 能力目标：能够运用可持续发展理论，指导旅游实践。

◎ 德育目标：树立正确的可持续旅游发展观；培养良好的行为习惯，做一位生态旅游的倡导者、示范者。

第一节　生态旅游概述

一、生态旅游的概念

　　生态旅游是在经济欠发达国家或地区首先发展起来的，生态旅游的概念可分为狭义的和广义的两种。狭义的生态旅游是指具有较高文化素养、对生态学知识有强烈的兴趣或较多了解的人们，到偏僻、人迹罕至的生态环境中进行探险或考察的专项旅游。广义的生态旅游是指在良好的生态环境中游览、观赏、休闲、度假，在此过程中愉悦身心、增加生态相关知识，主要包括森林生态旅游、海洋生态旅游等。生态旅游有3种基本内涵：其一，生态旅游为回归大自然之旅，旅游对象是原生、和谐的生态系统；其二，生态旅游必将促进环境的保护；其三，生态旅游是一种维系当地人民生活，强调社区参与和利益的旅游。

　　全世界普及的4种新兴旅游活动，生态旅游居首位，其次是文化旅游、参与性旅游和休养保健旅游。"生态旅游"一词最早于1965年由学者贺兹特提出。1980年加拿大学者克劳德·莫林首次提出了"生态旅游"这一概念。1983年墨西哥专家赛勃罗斯·拉斯柯瑞在文献中使用了"生态旅游"一词。这一名词的正式确认是在1986年墨西哥召开的国际性环境保护会议上，该会议把生态旅游定义为"以考察、观赏、欣赏风景、野生动植物以及能在此地发现所有存在文化现象的特点为目的，到较为偏僻或未被污染的地区旅行"。1992年，国际生态旅游学会将生态旅游限定为"为了解当地环境的文化与自然历史知识，有目的地到自然区域所做的旅游，这种旅游活动的开展在尽量不改变生态系统完整的同时，创造经济发展机会，让自然资源的保护在财政上使当地居民受益"。1995年召开的中国生态旅游研讨会将生态旅游定义为"在生态学的观点、理论指导下，享受、认识、保护自然和文化遗产，带有生态科教、生态科普色彩的一种特殊形式的专项旅游活动"。2021年，国家公园、森林步道、冰雪旅游等八大关键词成为社会热点话题。这些简单词语的背后是生态旅游业变革发展、化"危"为"机"、全力构建生态旅游高质量发展新格局的巨大努力。2021年，我国各类自然保护地、林草专类园、国有林场、国有林区等区域共接待游客超20亿人次，同比增长超过11.5%。

二、生态旅游的特点

　　各国对生态旅游特点及内容的探讨还在继续之中，但对其基本特点有一些共性的认识。

　　（1）活动范围的自然性。生态旅游活动以自然环境为主要活动场所，其首要目标是保护自然环境。随着工业化、城市化的发展，城市生活越来越喧嚣、繁杂，生活在都市里的人们在物质生活得到满足之后，开始考虑精神生活的改善和丰富，高度紧张的工作之余也渴望投入大自然的怀抱，获取大自然的沐浴。因此，生态旅游者向往的地方一般是奇特迷人的野生自然环境及充满神秘色彩的地区。国家公园、自然保护区和生态农业地区就成为生态旅游的主要目的地。

（2）以生态文明观为基础的高品位性。真正的生态旅游是使旅游者明确保护生态的重要意义并为之作出自己的奉献，因此生态旅游是一种"具有强烈环境意识的高品位旅游活动"。同时，生态旅游活动具有高含量的科学和文化信息，它把丰富的地理学、生物学、生态学知识展现给游客，游客通过观察、体验和发现，可获得丰富的科学知识。另外，生态旅游者对旅游环境的质量要求很高，同时也非常自觉地、有意识地保护旅游环境，他们还协助旅游部门和管理机构进行资源保护。

（3）体现可持续发展性。生态旅游是与可持续发展原则相协调的一种最佳的旅游形式。生态旅游一般是小范围的，有当地政府和人民的积极参与，到相对遥远的未受干扰的自然区域旅行，研究和享受风光、野生动植物及文化。生态旅游的目的是把保护环境和旅游开发结合起来，提高社区经济发展水平和人民生活水平。把生态环境的承载能力放在第一位考虑，重视旅游环境容量和改善措施的研究，强调从业人员对保护生态的奉献。这些反映了可持续旅游的特征，即保护自然、尊重发展的限度、尊重当地文化和社会。

（4）生态旅游的参与性。生态旅游活动具有很强的参与性。旅游者不再是走马观花，而是深入自然环境中，用心感受、用耳倾听、用眼观察、用身体去实践，他们通过步行、骑自行车、骑马、探险、登山、驾驶山地车、漂流、划船、摄影、户外野营等参与性活动来认识自然环境，体验大自然的诸多价值。生态旅游的参与性还表现在当地社区和人民的积极参与。生态旅游的目标之一就是要提高当地人民的生活水平和质量。因此，政府积极鼓励当地居民参与生态旅游业，从事导游、解说、护林、巡视、防火、划船、绿色食品生产和加工、手工艺品制作、民俗歌舞表演等旅游服务、管理和资源保护工作。

（5）生态旅游的教育性。生态旅游具有很强的教育功能。在生态旅游区，往往要通过标牌、解说、小册子、录像、广播等多种媒体向旅游者介绍当地自然环境、野生动植物、生态系统、地学背景、风俗习惯、历史文化等自然和人文知识，提高旅游者的知识水平和文化素养。同时，还寓教育于旅游活动中，通过植树、观鸟、拾垃圾等旅游活动，使游客体验人与自然的关系，增强环保意识，提高人们对保护环境必要性的认识，教育游客学会将旅游活动对环境的破坏降到最低限度的有效方法。生态旅游的教育功能还体现在对当地居民、旅游经营者的教育。生态旅游的教育计划除了对游客进行环保教育，还包括对当地的儿童、青年和成人及从业人员进行安全、卫生和新技术方面的培训。

 旅游在线

四川实施"五大行动"提升乡村旅游发展质量　助力乡村振兴

据四川省文化和旅游厅消息，四川在全省实施"五大行动"，推动乡村旅游从观光向观光休闲度假并重转型发展。

实施度假乡村培育行动。制定《天府度假乡村实施导则》，建立度假乡村培育目录，构建环成都城郊度假、川南田园康养、川东北森林康养、川西北文化体验、攀西阳光康养五大乡村旅游经济带。以城市郊区、景区周边、特色村寨、古镇古村等，打造城郊休闲、文化体验、田园康养、避暑御寒、户外运动等主题特色鲜明的乡村"微度假"旅游目的地，每年发布不少于10个"天府度假乡村"。

实施产品供给提质行动。每年培育天府旅游名镇10个、名村30个，创建天府旅游名宿10家，推出乡村旅游美食精品线路10条。因地制宜开发夜游、夜集、夜娱、夜秀等夜间消费业态，开发民俗风情、农耕文化、剧本娱乐等沉浸式体验场景，果蔬采摘、农事体验等深度体验业态，研学、拓展等红色体验旅游业态，探险、科考等高端定制生态旅游业态，向市场供给优质旅游产品和服务。

实施乡村好物建设行动。推动川茶、川菜、川竹、川果等"川字号"农土特产品向文创产品和旅游商品转化，开发竹编、年画、蜀锦、刺绣、漆器、木雕、石雕等10类乡村文创产品，每年从乡村好物中推选发布一批天府旅游名品，鼓励各地在高速公路服务区、景区景点、宾馆饭店等设立乡村好物销售专区，依托线上旅行商、农村电商等平台，开展乡村好物线上营销和直播带货活动，促进消费增长。

实施公共服务优化行动。美化提升乡村道路沿线自然景观和人文景观，打造乡村旅游流动风景线，2025年前推出100条"天府乡村风景旅游道"。在有条件的乡镇建设文化和旅游服务中心，打造一批非遗体验基地，发展乡村博物馆、乡村公共文化休闲空间、"天府乡村大舞台"等。完善咨询服务中心、旅游厕所、停车场、充电桩、导览解说等服务设施，搭建乡村智慧旅游服务平台，提升乡村旅游服务功能。

实施市场主体壮大行动。鼓励依托乡村特色产业发展乡村旅游合作社，2025年前在全省培育乡村旅游合作社2 000家以上。探索推广"国有平台＋专业团队＋村集体经济组织"等发展模式，引导和支持策划规划、创意设计、研发生产、管理咨询、营销推广等乡村旅游企业发展。到2025年，培养乡村旅游领军人才100名、乡村旅游致富带头人1 000名、实用技能人员50 000名。

三、生态旅游是人类游憩行为发展的新业态

生态旅游是一种依赖当地生态环境资源而开展的学习型高品位游憩活动，不仅要满足旅游者回归自然的需求，更应使旅游者在旅游中获得环保知识和人文知识。生态旅游的对象是融自然生态与文化生态为一体的和谐的生态旅游系统，由山川奇石、森林动物、植物精气、空气负离子、民俗风情等有形和无形的生态旅游资源共同组成。生态旅游除具有一般旅游的观光娱乐等作用外，还对旅游者具有净化、保健和教育等多重功效。

生态旅游需求缘于探新求异的心理需求和逃避紧张现实的客观需求。从探新求异的心理需求来看，随着旅游者文化知识水平和消费层次的不断提高，一般的观光旅游将逐步减少，而高层次的生态旅游越来越多，游客在旅游过程中自主性和参与性日渐增强；从逃避紧张现实的客观需求来看，由于城市环境日益恶化，都市生活的繁忙与紧张，社会环境复杂且竞争激烈等因素，人们产生到污染少的大自然和传统文化较好的地区去旅游度假的强烈愿望。旅游需求的变化为生态旅游的兴起提供了强大拉动力，推动生态旅游在世界各地蓬勃发展。

生态旅游的供给缘于环境意识的提升和对传统旅游的反思。一是资源的掠夺性开发和全球生态环境的恶化直接威胁到人类自身的生存和发展，由此迫切要求提供优良的生态环境资源为各层次群体服务。二是传统旅游对生态环境的冲击和破坏越来越明显，全球范围的旅游环境不断恶化，使人们认识到"无烟工业"并非"无污染工业"，人们开始寻找一种新的旅游开发方式，即旅游经济发展和生态环境保护相结合的旅游形式，生态旅游正是在这种背景下应运而生的。

生态旅游是人类游憩行为发展的新业态，它的形成迎合了国内外游客对"回归大自然，到绿色世界"的迫切需求；它的发展表明现阶段旅游正由单纯的观光型向集观光、度假、休闲、健身、求知等多功能于一体的多元型转化，是新时期和未来旅游产业发展的最强音。

> **问题引导**：你喜欢哪种生态旅游？请说明理由。
>
> _____
> _____
> _____
> _____

旅游劳模 践行剧场

奋斗的人生最美丽——寇晓燕

有梦想的人永远不迷茫。20多年来，寇晓燕大胆创业，敢为人先，开创团场新型经营主体，大力发展设施农业、旅游业、特色养殖业，以帮扶职工群众为目标，与职工群众共同致富。

近年来，她先后被评为"兵团巾帼建功标兵""兵团和谐小康家庭""全国农业劳动模范""全国三八红旗手""全国五好家庭"等荣誉称号。2022年，寇晓燕还获得了全国五一劳动奖章，对此她表示，这个光荣而神圣的称号是对她"农民"身份的最大肯定。

大胆创业　敢为人先

在十团昌安镇十三连，有一处设施农业基地，寇晓燕创办的阿拉尔市锦绣家园果蔬种植农民专业合作社就在这里。草莓大棚、蔬菜种植采摘园、特色养殖基地以及正在建设的特色农产品展示大厅……这个前后投资近4 000万元的合作社，已成为当地现代农业产业的一张名片。

"草莓摘下后要小心放在篮子里，手不能再触碰，人体体温会'烫伤'新鲜草莓，影响草莓的质量……"在草莓大棚外，寇晓燕正在叮嘱社员草莓采摘的注意事项。

寇晓燕是上海"支边青年"的子女，自小就接受兵团精神的教育，当好"兵团人"，扎根在兵团，早已镌刻在心。20世纪80年代末，寇晓燕没有选择跟随父母回到繁华的上海，而是选择留在了养她、哺育她的十团昌安镇。"阿拉尔天地广阔，在这里实现自己的梦想，大有可为。"寇晓燕说。

自1990年起，寇晓燕与丈夫徐云义就开始努力实现创业梦。2001年，团场调整农业产业结构，夫妻俩承包了8 000平方米香梨园，几年后，年纯收入10万元以上，实现了致富梦。

2013年，寇晓燕带头承包了36座温室大棚，与32名职工创办阿拉尔市锦绣家园果蔬种植农民专业合作社。当年，合作社年产蔬菜350余吨，人均年收入达8万元。

2015年，十团昌安镇党委依托优势资源，大力发展全域旅游。寇晓燕夫妇抓住机遇，筹集资金1 300万元，建成占地约45 333平方米，集观光、旅游、采摘于一体的绿色生态园，为十团昌安镇发展乡村旅游提供了示范。

目前，生态园已吸纳种植户、养殖户60户，游客年均达6万人次，年收入200余万元。

头雁引领　群雁齐追

寇晓燕实现了自己的创业梦想后，并没有自我满足，而是立志带领身边更多职工群众共同致富。

十团昌安镇四连原有3名困难职工，因当时没有种植经验和资金支持，一直未能富裕起来。4年前，寇晓燕夫妇听说后，主动与他们结对子，支持他们种植大棚蔬菜。

曾经的困难职工、如今的合作社管理人员冉晓珊说："从资金到技术，从田间管理到销售，各环节寇晓燕都会尽心尽力帮助我们，如今我们个个成了种植能手、富裕户。"

2020年，寇晓燕引进的黄沙基质栽培技术获得成功，她立刻召集连队有意向靠设施农业致富的职工群众，现场传授他们种植技术。

冉晓珊告诉记者："这样的培训，去年一年就超过300余人次，今年他们增收不成问题。"

为带动职工致富，寇晓燕不仅在技术上帮扶他们，更是在销路上指导他们走得更长远。当了解到一些职工群众为农产品缺少销路而发愁时，寇晓燕主动带领他们考察市场，教他们如何把握市场动态，如何分析市场，帮助他们渡过销售难关。

如今，只要一提起寇晓燕，这些被帮助过的职工群众个个心存感激。"多亏了寇晓燕，是她手把手教会了我们如何致富。"合作社社员阿尔孜古丽·土尔孙说。

初心不改　回报社会

致富不忘本。富裕起来后，寇晓燕积极投身社会公益事业。2013年，寇晓燕开始参与师市"春蕾计划"和"金秋助学"活动，累计捐款6万元，帮助7名困难大学生完成学业。2016年至今，寇晓燕为十团昌安镇二十一连各族群众及周边县乡各族贫困儿童捐赠衣服、生活用品及蔬菜等物资共10万余元。

徐云义说："在她的影响下，儿子和儿媳利用自己的建材公司为周边困难职工群众提供了300余个就业岗位，并手把手教授他们技术，讲解创业理念，无偿帮助困难家庭、大学生搭建创业致富平台。"

2020年抗击新冠肺炎疫情期间，寇晓燕主动承担起团镇工作人员的供餐任务，确保几百名奋战在一线的医护人员、志愿者能吃上可口的饭菜。

回忆起那段日子，阿尔孜古丽·土尔孙说："当时，她与家人起早贪黑，积极协调各类生活物资，常常忙到凌晨三四点。"

孤寡老人夏定国在阿拉尔生活多年，早已习惯了本地生活，不愿意回老家，寇晓燕在征得其亲戚的同意后，把他接到自己家里，像对待自己的父亲一样侍奉他。

夏定国说："她就是我的女儿，每天都对我嘘寒问暖，比亲女儿还亲。"

十团昌安镇居民李鑫是一位残疾人，独自一人生活。寇晓燕主动为其提供了工作岗位。"在合作社，我几乎没什么可干的活，我知道，她就是想帮助我，让我过上好日子。"提起寇晓燕，李鑫就激动地流泪。

这些好人好事，寇晓燕很少对外人提起。面对记者的再三求证，她说："作为一名党员，帮助群众是我的义务和责任，这样才对得起党对我的培养和恩情。"

记者采访时，寇晓燕的喉咙严重发炎已有一段时间。徐云义说："她就是累的，现在是草莓采摘季，合作社的社员上半年分红多与少，几乎全看这季草莓的销售情况。早晨六点到八点成熟的草莓品质最好，为保证草莓的品质，她半个月前就领着社员每天早晨六点起床采摘草莓。"

对此，寇晓燕说："我们兵团人就是能吃苦，不怕累，就是勇于创新、敢于往前冲。"

如今，寇晓燕又有了新的奋斗目标，她立志带动身边更多的职工群众实现共同富裕，继续扩大合作社规模，为当地实现乡村振兴贡献力量。

（资料来源：阿尔拉发布，2022-05-24. https://baijiahao.baidu.com/s?id=1733697136838391301&wfr=spider&for=pc）

第二节　旅游可持续发展

旅游活动对目的地环境产生的影响，既有直接的，又有间接的。由于旅游业的综合性特征，它的影响和被影响都有波及性和多因性。所以说，旅游业是"脆弱的"行业。旅游业的发展和来访旅游者的增多必然会扩大对其他行业或服务的需求，很多其他行业因而需要扩大其生产和再生产。这些活动的发生必然会对当地的环境产生这样或那样的影响，这些影响虽然不是旅游业或旅游者直接造成的，但追根溯源都与旅游的发展有关。所以，旅游发展必须考虑与环境、相关行业、社会的发展协调同步，走可持续发展的道路。

一、可持续发展理论

（一）可持续发展理论的由来

1.历史线索

对于旅游发展带给目的地的各种消极影响，特别是对目的地物质环境的消极影响，人们早有所察觉。

美国女海洋学家R.卡逊的著作《寂静的春天》在1962年出版，是人类对生态环境问题开始关心的标志。R.卡逊提出了人类必须与其他生物共同分享地球，在人与生物之间建立合理的协调，才能维持人类健康生存的看法。

1972年3月，罗马俱乐部发表了由D.米都斯主持的第一个研究报告《增长的极限》，在报告中已经提出了可持续发展的思想。

1972年6月，在斯德哥尔摩召开了第一次"人类与环境会议"。会议期间，出版了经济学家B.奥德和生物学家R.杜博的报告《只有一个地球：对一个小小行星的关怀和维护》。会议还通过了《人类环境宣言》，这些著述都对旅游所带来的消极影响表示过种种担忧或提出过警告。

但是，在大众旅游兴起之后相当长的时间内，由于人们主要关注的是旅游带给目的地的经济收益，因此这方面的巨大声浪淹没了一些有识之士关于警惕消极影响的呼喊。旅游和旅游业发展较早的发达国家尚且如此，出于发展经济和创汇目的而发展旅游业的发展中国家的情况更不必说。

这些情况到了20世纪80年代初出现了较为明显的变化。随着旅游活动规模的扩大和一些旅游接待地区接待能力饱和现象的出现，人们对旅游活动的消极影响开始重视，并逐渐有了较为全面的了解和认识。

20世纪80年代中期至末期，环境保护主义的兴起与"绿色"意识的形成和普及，进一步提高了人们对环境问题的关注程度。所有这一切使人们开始重新评价旅游对目的地的作用和价值，也正是在这一重新评价过程中，人们发现并引进了"可持续发展"这一概念。

2.布伦特兰报告

"可持续发展"（Sustainable Development）源于"可持续性"这一概念。对于这一概念，人们有着不同的解释。例如，人们最初将"可持续性"解释为"保护和加强自然环境系统的生产和更新能力"。后来，人们对"可持续性"概念的解释不断延伸，因而出现了社会可持续性、经济可持续性等方面的解释。对于"可持续性"最具权威的解释莫过于1987年联合国世界环境与发展委员会的《布伦特兰报告》中的解释。

1987年，由布伦特兰担任主席的联合国环境与发展委员会以"我们共同的未来"为标题，提出了一份研究报告，该报告对当前人类在经济发展与环境保护方面存在的问题做了系统而全面的评价，并正式提出了"可持续发展"这一术语和口号。这就是著名的《布伦特兰报告》（The Brundtland Report）。该报告对"可持续性"概念做了简短而明确的解释，即"满足当代人的需要而又不损害子孙后代满足其自身需要的能力"。也就是说，所谓"可持续发展"，既要以满足当代人的需要为目的，同时也要以不损害后代人为满足其自身需要而进行发展的能力为原则。因此，就其所主张的社会发展观而言，可持续发展强调的是代际公平分配，以使当代及未来人类的需要都能够有条件地得到满足；就其经济观而言，强调经济发展和增长必须建立在维护地球自然系统这一基础之上；就其生态环境观而言，强调人类应与大自然和谐相处，使人类赖以生存的自然环境能够切实得到保护等。由此可见，可持续发展观念的提出是对传统发展模式的挑战，是为谋求新的发展模式而创立的新的发展观。

可持续发展观的提出正值人们对旅游的作用和影响进行全面评价之时，因而很快为人们所接受，并成为对旅游发展进行重新评价的中心议题，"可持续旅游"（Sustainable Tourism）一语也因此而产生。可持续旅游的提出，要求人们以长远的眼光看待旅游经济开发活动，并对经济不断增长的必要性提出质疑，以及要求确保旅游活动的开展不会超过旅游接待地区未来亦有条件吸引和接待旅游者来访的能力。

（二）可持续发展的内涵

可持续发展的核心理论在于人类在发展过程中必须正确地认识与处理人与自然的关系，要求全社会在空间上遵守互利互补、协调一致的原则，在时间上遵守理性分配、公平合理的原则，在伦理上遵守"只有一个地球""人与自然平衡""共建共享"等原则。总之，一个高效、和谐、有序发展的世界是可持续发展所追求的理想境界。具体来说，可持续发展的内涵可归纳为以下几点。

1. 发展观

发展是人类社会进步的永恒标志，是人类共同的权利和普遍的要求。不论发达国家还是发展中国家都应享有平等的、不容剥夺的发展权利。发展是可持续发展的前提与基础，没有发展，也就无所谓可持续发展。

2. 持续观

为了追求高速发展而牺牲生态环境和历史文化遗产，这样的发展实际上将无以为继。可持续发展要求人们在发展过程中对自然、社会施加的影响与作用必须限制在其承载力范围之内。为此，可持续发展决定了发展的规模与发展的速度必须得到合理的限制，决定了人们必须抛弃高消费、高增长、高污染的生活方式，也决定了在生态经济和社会等方面要保持效益和效率的可持续性，尤其在效益方面，要从单纯依靠加大投入、追求数量转变为追求经济、社会、生态的高效益。

3. 公平观

资源分配是可持续发展的关键。人类只有一个地球，地球所能提供的自然与社会资源是有限的，应该允许当代人平等地享受，也应该满足后代人享受与发展的需要，这就要求资源分配在时间和空间上都应该体现机会选择的公平性。既反对为满足自身需要而损害或剥夺后代人公平开发利用资源的权利，也主张在不同区域间或同一区域的不同部分间资源利用和环境保护的公平负担与分配。

4. 和谐观

和谐观表达的是一种人与人、人与自然之间协调发展、和谐共处的思想。发展的持续观与公平观，实际上体现在人与自然的和谐共处，当代人之间的和谐共处，当代人与后代人之间在利用自然和社会资源权力方面的协调和谐。反过来，发展的和谐观要求人们不掠夺式地开发资源，不浪费资源，不破坏和污染环境，并正确处理当代人与后代人之间的利益分配，避免大规模冲突甚至战争，从而实现社会可持续地公平发展。

二、可持续旅游发展

（一）可持续旅游发展的概念

在1990年召开的国际环境日会议上，与会代表提出并通过了《旅游业可持续发展行动战略》草案，该草案认为可持续旅游发展是在保持和增进未来发展机会的同时，满足旅游者和当地居民当前需要的发展。1993年世界旅游组织《旅游业可持续发展——地方旅游规划指南》一书中对可持续旅游发展的定义：在维持文化完整性、保护生态环境的同时，满足人们对经济、社会和审美的要求，它能为今天的主人和客人提供生计，又能保护和尊重后代人的利益并为其提供同样的机会。如果承续可持续发展概念思想精髓，则可将可持续旅游发展定义为：既满足当代人的旅游需求，又不损害子孙后代满足其旅游需求能力的发展。

应该说，可持续旅游发展的内涵十分丰富，要将可持续旅游发展的概念用完全精确的语言描述是不可能的，也是不必要的，提出定义问题只是人们研究、交流和实际操作的需要。

（二）可持续旅游发展的实质内涵

可持续旅游发展的实质就是谋求旅游与自然、文化及社会环境融为一体，因此对资源和环境的保护成为可持续旅游发展的基本出发点，这就要求旅游业的发展必须考虑旅游地生态环境的承载能力与极限，避免因盲目发展而导致生态环境不堪重负，甚至是完全破坏。同时，也要求旅游业的发展能有效地维护旅游地社会文化方面的特色，避免对旅游地文化遗产、传统风俗和社会生活方式造成负面影响。只有保护好旅游地的自然和人文资源，旅游业才能永续发展；反之，旅游业的发展便无以为继。

从可持续旅游发展理论的思想承继性及人们目前的认识水平来看，该理论的实质内涵表现在以下几个方面。

（1）持续观。主张合理有效地发展旅游，而不是以牺牲环境、破坏旅游资源为代价；主张旅游业的发展不超越自然资源与生态环境的承载力，保证可更新资源的持续利用；主张对不可更新的资源的人为消耗最小化，使之尽可能地保持其价值；主张对旅游业的发展速度和发展规模作合理限制，以达到使后代人能公平享用资源的目的，实现旅游业的永续发展。

（2）公平观。首先，强调本代人及代际间的公平性，即公平合理地分配有限的旅游资源。对一些不可更新的资源要特别注意保护，尽最大可能公正合理地为当代人及后代提供满足旅游需求的机会。其次，强调不同地区、不同国家之间的公平性，采取协调一致的措施，保护旅游资源，促进旅游可持续发展。

（3）资源观。许多旅游资源是不可复制的，尤其是历史文化遗产及名胜古迹。作为人类社会发展过程中的遗留痕迹，一旦毁损，必将毁掉人类祖先成百上千年来的宝贵历史文化积淀，即使重新还"原"，也将失去原有的价值。旅游资源的质量状况决定了旅游业的开发潜力与开发程度，旅游资源的保护状况决定了旅游业可持续发展的前景。因此，不能对旅游资源进行掠夺式开发，导致旅游资源加速枯竭，而应该科学开发、合理利用、制定对策，在保护好旅游资源的前提下，尽可能地发掘利用其应有价值。

（三）可持续旅游发展的目标

（1）生态环境可持续性。生态环境可持续性，是指在一定限度内维护生态系统的生产力和功能，维护资源和环境基础，保护其自我调节、正常循环能力，增加生态系统的完整性、稳定性和适应性。由于旅游开发和旅游活动本身都会对旅游业赖以生存的生态环境和旅游资源产生不同程度的损害，因此消除、缓解旅游业发展过程中的矛盾，在合理范围内减少旅游活动对旅游地的生态资源的负面效应，维持旅游地生态系统的平衡，保证对旅游资源的持续利用，便成为可持续旅游发展的基本目标之一。

（2）社会可持续性。社会可持续性，是指利用最小的资源成本和投资，获得最大的社会效益，长期满足社会和人类的基本要求，保证资源和收益的公平分配。可持续旅游发展在社会方面的主要目标：既满足旅游地居民的需要，改善其生活质量，又满足旅游者需要，向旅游者提供高质量的旅游经历。可持续旅游发展在社会方面的另一个主要目标是体现社会公平，包括同代人与代际间的公平分配与公平发展。

（3）经济可持续性。经济可持续性，是指用最小的资源成本和投资，获得最大的经济效益，保证经济稳定增长，防止急功近利的短期行为。实现这个目标有两个关键：一是成本观，应该将环境污染的综合费用和自然资源的损耗费用计算在旅游生产成本之内，以此为标准来计算经济效益；二是应保证旅游经济在一定范围内的稳定增长，"杀鸡取卵"式的行为不可能保证旅游业持续稳定增长。

旅游在线

千村千貌绘就美丽乡村画卷

近年来，四川把发展乡村旅游作为实现乡村全面振兴的重要路径，系统谋划部署，大力推进实施。2021年，全省乡村旅游收入达到3 600亿元，同比增长约15%，发展乡村旅游的村共有4 200多个，乡村旅游经营户15万余家，在助力村民增收致富的同时，吸引人才、金融等资源要素向乡村聚集。

彭州市龙门山镇、阆中市天宫镇、武胜县飞龙镇3镇作为"首批全国乡村旅游重点镇"被授牌。同时，邛崃市花楸村、乐山市金口河区胜利村、宜宾市翠屏区高桥村、岳池县郑家村、石棉县安顺村、青神县兰沟村、小金县长坪村这7个村作为"第三批全国乡村旅游重点村"被授牌。

会议强调，四川各地要坚持生态优先、注重因地制宜、突出共建共享，充分挖掘需求、扩大供给，加大政策、资金、品牌培育、人才培养、资源协调等方面的支持力度，抓好发展规划布局、基础设施、宣传营销等重点工作，推动实现千村千貌、千家千味、千人千风，打

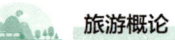

造独具四川特色的"全国知名乡村度假旅游目的地",助力四川文化强省和旅游强省建设。

三、生态旅游与旅游可持续性发展

（一）生态旅游的提出与发展

生态旅游是国际自然保护联盟（IUCN）特别顾问、墨西哥旅游专家谢贝洛斯·拉斯科瑞正式提出的。当时他就生态旅游给出了两个要点：一是生态旅游的对象是自然景物，二是生态旅游的对象不应受到损害。生态旅游一经提出，便在全球引起了巨大反响，人们对生态旅游做了大量实践性探索，学术界对生态旅游的理论研究也硕果累累。1993年，世界著名学术杂志《旅游管理》（Tourism Management）推出一版生态旅游专辑。同年，在中国北京召开的第一届东亚国家公园与自然保护区会议上，中国学者对生态旅游提出了许多有价值的看法。中国旅游局（现中华人民共和国文化和旅游部）宣布2009年为中国"生态旅游年"，联合国将2002年指定为"国际生态旅游年"，更引起了各国政府对生态旅游的高度重视。人们越来越清楚地认识到，生态旅游是实现可持续发展的最佳运作管理模式和活动形式之一。据1999年召开的世界生态旅游大会介绍，生态旅游已成为当今世界旅游发展的潮流，给全球带来了至少260亿美元的年产值。许多国家和地区每年接待的国际游客中，有50%以上是生态旅游者。自"2009年中国生态旅游年"以来，生态旅游热在我国迅速兴起。据不完全统计，我国年生态旅游游客达到2 500万人次，年生态旅游收入近5.2亿元。2021年，我国各类自然保护地、林草专类园、国有林场、国有林区等区域共接待游客超20亿人次，同比增长超过11.5%，生态旅游游客量已恢复至2019年游客量的约70%。

（二）生态旅游的定义

自生态旅游诞生以来，其定义就一直是国内外学术界争论较多的一个问题。

国外学者对"生态旅游"的定义主要有以下几种。

谢贝洛斯·拉斯科瑞：生态旅游作为一种常见的旅游形式，游客在欣赏和游览古今文化遗产的同时，置身于相对古朴、原始的自然区域，尽情考究与享受旖旎的风光和观赏野生动植物。

生态旅游协会：生态旅游是为了了解当地环境的文化与自然历史知识，由目的地到自然区域所做的旅游。这种旅游活动的开展在尽量不改变生态系统完整的同时，创造经济发展机会，自然资源的保护在财政上使当地居民受益。

Ziffer K：生态旅游既是一种旅游方式——旅游者带着欣赏、参与和感受的心态，访问相对不发达地区，非消耗性地使用野生生物和自然资源，又是一种管理模式——被访问的国家或区域承诺通过当地居民参加适当的市场营销，加强规章制度及利用企业收益资助土地管理和社区发展，建立和保持生态旅游场所。

国内学者对"生态旅游"的定义主要有以下几种。

郭来喜：生态旅游以大自然为舞台，以生态学思想为指导，以休闲、保健、求知、探索为载体，旅游者参与性强，品位高雅，形式多样，既能使旅游者获得身心健康、知识增益，又能增强旅游者热爱自然、珍惜民族文化、保护环境的意识，弘扬文明精神，实现可持续发展的旅游体系。

明庆忠等：生态旅游以生态学原理和可持续发展理论为指导，以保护资源特别是保护生态的多样性、维护资源利用的可持续性、促进环境保护与宣传教育、提高资源与环境的管理水平为基本特征，寻求旅游业发展与自然、文化和人类生存环境的和谐统一。

陈福义：生态旅游是一种以生态学原则为指标，以生态环境和自然资源为取向，以生态环境保护为前提，以环境教育和自然知识普及为核心内容，既能获得社会、经济效益，又能促进生态环境保护的、求新求知的高层次的旅游活动。

以上定义从不同角度对生态旅游做了阐述。虽然各有差异，但有些地方是共同或相近的：强调以生态环境和自然资源为取向；强调以生态学原则为指导，以旅游可持续发展为目的；强调生态旅游的教育教化功能；强调生态环境保护前提下的社会效益、经济效益的协调一致。

（三）生态旅游与传统旅游的比较

传统旅游主要是指一般性的大众自然旅游和文化旅游。大众旅游的特点是旅游人数众多，旅游产品标准化程度高，强调"发展"和"经济利益"，但存在一些不重视生态环境的弊病，因而对旅游目的地经济、环境、文化、社会等方面产生了负面影响。与传统旅游不同，生态旅游把保护生态环境当作生态旅游区的首要任务，不管是旅游开发者、经营者和管理者，还是广大旅游者，都应遵循这一原则。生态旅游与传统旅游在诸多方面的差异见表6-1。

表6-1 生态旅游与传统（大众）旅游之比较

方面	生态旅游	传统（大众）旅游
总体特征	个人化或小团体的、专门化的、有控制的、主动的消费态度，灵活的旅游项目，小容量旅馆和服务设施，分布广泛，低密度与地方社团易于结合	大众化、普通的、行业的、被动的消费态度，全包价、大数量服务，集中、大容量、高密度的服务设施，新的定居地取代传统的活动
旅游交通	定期的航空交通，有经验的具有独立性的游客，多使用专门旅游机构的服务或自发旅游	包价旅游游客没有旅游经验，到大众目的地的定期航班
旅游价格	旅游的小容量增加了成本，中等偏高和高的价格	包价旅游降低了成本，中等和低的价格

续表

方面	生态旅游	传统（大众）旅游
环境容量	中小容量的寄宿，家庭所在与地方环境的结合，独特的风格特征	大容量的旅游公寓、群体或协会，严重的环境压力
旅游服务	多样化的和独具特色的服务，对旅游市场如何运行不太精通，具有专门化和灵活性，对人力资源的要求高	更加相同和标准化的供应，在市场方面更有经验，知识更丰富，固定模式化，不能满足高水平的专业化要求

（四）生态旅游与旅游可持续发展的关系

在有关生态旅游的定义中，专家们普遍强调了一个问题：生态旅游的最重要目的是实现旅游业的可持续发展。同时，可持续发展的理论又为生态旅游的良性发展指明了方向。生态旅游是实现可持续旅游的一种形式，但可持续旅游不仅仅局限于生态旅游。

从目前对生态旅游的认识来看，有两个误区：一是把凡与自然相关的旅游均称为生态旅游。其实，若这种与自然相关的旅游没有体现可持续旅游发展的思想，没有遵循生态原则，没有强调环境保护，那是不能称为生态旅游的，充其量称为自然旅游。二是把所有体现可持续发展的旅游均称为生态旅游，这是对生态旅游的泛化。例如，限制北京故宫单位时间内的旅客人数，以延长故宫的使用寿命，这是可持续旅游发展的必然要求，但很难说这与生态旅游有什么必然联系。

总的来说，不能实现可持续发展的旅游就不能称为生态旅游。生态旅游应能有效地解决传统旅游无法解决的旅游地和旅游业发展中存在的生态环境、社会文化、经济效益衰退等问题，但也不应奢望生态旅游成为解决传统旅游所有问题的"灵丹妙药"。

> **问题引导**：你的家乡有哪些生态旅游资源？说明其特点。
>
> _____
> _____
> _____
> _____

旅游劳模 践行剧场

挖掘精神内涵　打造红色旅游品牌——库尔班·吐鲁木纪念馆

库尔班·吐鲁木是全国著名劳动模范。他"骑着毛驴上北京，去见领袖毛主席"的故事被传为佳话，他的事迹曾被编入全国小学语文课本。库尔班·吐鲁木受到全国社会各界的敬仰。如今，库尔班·吐鲁木纪念馆已成为展示爱国主义教育的红色旅游基地。

库尔班·吐鲁木纪念馆以毛主席诗句"一唱雄鸡天下白，万方乐奏有于阗"来体现，以闻名全国的库尔班·吐鲁木大叔上北京的故事为载体，以发扬库尔班·吐鲁木精神为主线作用。继承和弘扬库尔班·吐鲁木热爱中国共产党、热爱社会主义、热爱劳动、热爱家乡的美德，既要把库尔班·吐鲁木的精神宣传好，又要把其精神落实好，更要让新疆各族群众学习库尔班·吐鲁木"热爱伟大祖国、共建美好家园"的时代精神，真正将新疆于田县建成爱国主义教育基地和红色旅游基地。

勉励后人　鼓励鞭策

库尔班·吐鲁木纪念馆位于于田县托格日尕孜乡托格日尕孜村库尔班·吐鲁木故居，距县城14千米，315国道南侧100米处，交通便捷。

库尔班·吐鲁木纪念馆始建于2002年，2003年4月竣工落成，占地面积400余平方米，建筑面积300余平方米，采用砖木结构，由展览室和声像室两部分组成。2012年由新疆维吾尔自治区党委宣传部命名为自治区级爱国主义教育基地，2003年4月10日正式对外开放。2009年经过全国旅游景区质量等级评定委员会的批准，于田县库尔班·吐鲁木纪念室获评国家2A级旅游景区。2010年6月于田县旅游局申报纪念馆改扩建项目，总投资800万元，设计建筑面积458平方米地上局部二层。2016年11月建成并正式开馆。

库尔班·吐鲁木纪念馆所在的于田县历史悠久，自然人文景观丰富独特，拥有普鲁火山、雪域圣湖、古玉石之路、高原村寨、沙漠第一村、龙湖、库尔班·吐鲁木纪念馆、解放军英雄先遣连进藏纪念碑，浓郁的民俗风情和原始纯美的风物，形成了高品位的层次分明的旅游资源。自2002年以来，于田县相继被农业部授予"中国玉石之乡""中国探险旅游之乡""中国大芸之乡""中国大叶紫花苜蓿之乡""中国胡杨之乡"。

2016年10月13日，中共中央政治局委员、新疆维吾尔自治区党委书记陈全国同库尔班·吐鲁木的大女儿托乎提汗·库尔班结对认亲。2017年1月11日，习近平总书记给托乎提汗·库尔班回信，勉励库尔班·吐鲁木大叔的后人，做热爱党、热爱祖国、热爱中华民族大家庭的模范。习近平总书记给托乎提汗·库尔班回信，充分体现了党中央对新疆各族人民的殷切关怀，对于田县的高度重视，更是对做好于田工作的鼓励鞭策。自受到自治区和党中央的关注以来，馆内游客接待量日益增多，现日平均接待200人左右。2019年接待量已突破6万人次。

加大投入　开发保护

近年来，于田县旅游业的发展紧紧围绕库尔班·吐鲁木"三热爱"精神，树立红色经典文化的主题形象，坚持以习近平新时代中国特色社会主义思想实施"一带一路"倡议工程为指导，坚持"高端旅游"与"中低端旅游"开发并重的原则，依托"绿色生态景观、沙漠风光摄影、昆仑寻玉探险、红色历史文化、长寿民俗村落"五大主题，全县旅游基础设施不断完善，旅游综合保障能力不断增强，旅游产业呈现出后发赶超的良好态势。

根据现有资源的开发状态，于田县的红色旅游景区景点主要以政府部门投资运营为主，紧紧依托库尔班·吐鲁木民族团结文化园景区规划，进一步对外招商形成"政府＋企业"的合作模式，打造红色旅游亮点景区。

2019年，于田县分别完成天津援疆资金5 000万元、新疆发展商会资金1 000万元、中央预算内投资1 222万元和国家旅游发展补助资金300万元的建设工作，主要建设红色文化广场、库尔班·吐鲁木文化红色风情街和民族手工艺作坊及旅游基础设施等。目前，库尔班大道、红色文化广场、红色风情街、手工艺品街项目建设已全部完工。

于田县文旅部门重点围绕"三热爱"思想打造红色旅游线路：一是开展"民族团结游"，具体线路为于田—库尔班·吐鲁木纪念馆—龙湖旅游区—于田；二是开展"爱国主义游"，具体线路为于田—城市公园—于阗博物馆—独立骑兵师进藏先遣连会师遗址（阿羌乡普鲁村）—于田。

在旅游产品开发方面，以红色旅游为载体，开发特色旅游商品，现已研发印有毛主席与库尔班·吐鲁木握手的笔筒、摆件及地毯等纪念品，依托于田现有农特产品，进一步开发打造维吾天力牌大芸切片、"古于阗"牌玫瑰花、"爱勒胡玛"牌系列砖茶、"品沃机智"牌核桃油及馕系列产品，在特色产品中主要有麻糖、红枣酒、艾德莱斯扇子、民族刺绣产品、维吾尔妇女花帽和箭服、挂式风景地毯及木质工艺品加工，共计66种产品。

红色主题　凸显文化

在新疆开展"民族团结一家亲活动"是进一步巩固发展民族团结的有力抓手，是被实践证明了的促进各族交往交流交融的成功经验，是做好群众工作的必然要求，是推进脱贫攻坚的有效途径，是做好一切工作的现实需要。通过参观于田县库尔班·吐鲁木纪念馆，传承发扬库尔班大叔爱党爱国的优良传统，鼓励各民族群众像爱护眼睛一样爱护民族团结，为全面建成小康社会，促进新疆社会稳定和长治久安共同努力。

特别是近年来，于田县通过发展红色旅游，争取国家资金的支持，对库尔班·吐鲁木纪念馆红色旅游景区的软件和硬件的开发建设，使当地的交通、景区硬件、接待能力等各方面的建设得到全面提高，知名度随之提升，形成旺盛的人气。

红色旅游的政治、文化、富民、民生综合功能，是红色旅游助推脱贫攻坚的优势所在。红色旅游在推进爱国主义和革命传统教育大众化、常态化，产生巨大的政治效益、社会效益的同时，富民和民生功能也十分凸显，尤其是红色旅游发展给当地带来了客源流、资金流、信息流，拓展了振兴于田、脱贫致富的有效途径。

目前，于田县库尔班·吐鲁木纪念馆正按照自治区特色小城镇建设的工作需求，坚持"红色是旗帜、民生是根本、旅游是支撑"的理念，依托创建国家4A级旅游景区的总体目标，将纪念馆打造成宜居宜业、文明和谐的民族团结文化园。同时，紧紧围绕库尔班·吐鲁木"三热爱"精神，树立红色经典文化的主题形象，坚持"高端旅游"与"中低端旅游"开发并重的原则，依托"红色历史文化"主题，进一步完善全县旅游基础设施，增强旅游综合保障能力。

于田县正计划充分发挥现有资源开展爱国主义教育系列活动，以红色旅游为载体，开发特色旅游。走进库尔班·吐鲁木纪念馆，通过一张张生动的照片、一件件旧的实物等弘扬民族精神，学习红色故事，缅怀红色景点等，感受永不消退的红色文化，让参观者潜移默化地接受革命传统教育、爱国主义熏陶，树立正确的人生观，践行民族团结，共建美好家园。

（资料来源：中华人民共和国国家发展和改革委员会，2021-06-08. https://www.ndrc.gov.cn/xwdt/ztzl/qghsly/202106/t20210608_1301710.html）

归纳总结

章节名称:	日期:
专业:	班级:	姓名:

索引区域
请对本章节所学内容进行要点提炼。

笔记区域
记录本章节中的重点、难点和中心思想,对未掌握部分进行梳理。

总结区域
请对本章节所学内容进行归纳总结。

课后测试

课程名称	旅游概论	专业	
学习任务	第六章 生态旅游与可持续发展	班级	
学习内容	1.生态旅游概述 2.旅游可持续发展	姓名	

码上刷题

1. 什么叫生态旅游？生态旅游的特点有哪些？

2. 生态旅游的意义是什么？

3. 旅游可持续发展的措施有哪些？

第七章 旅游业的发展趋势

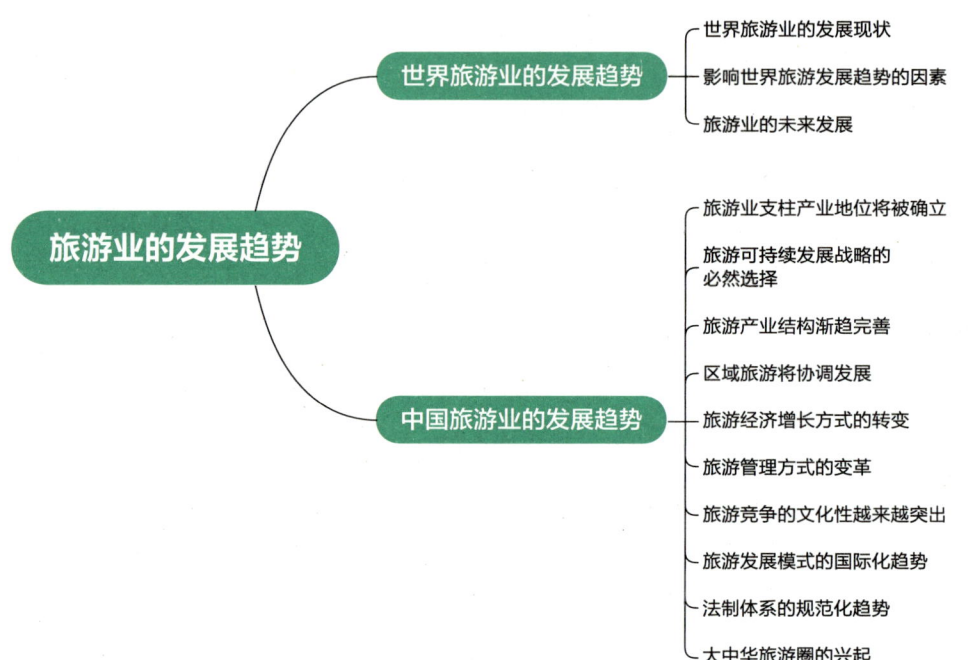

📋 学习指南

◎ **知识目标**：了解世界旅游业的基本现状；明确世界旅游业的发展趋势；熟悉我国旅游业的发展现状；掌握世界旅游业和我国旅游业的发展模式。

◎ **能力目标**：能够分析我国旅游业的未来发展方向。

◎ **德育目标**：培养旅游从业人员所需的行业价值观念和认知；养成独立思考、分析解决问题的能力。

第一节　世界旅游业的发展趋势

21世纪是旅游业的第二个黄金时代，旅游者将达到空前的规模，旅游业将发展成世界最大的产业。

一、世界旅游业的发展现状

自第二次世界大战后，旅游业成为世界诸多产业中发展最快的产业之一。但地区间的发展极不平衡，发达国家主宰旅游市场的格局至今没有发生根本改变。

近年来，随着人民生活水平的提高和交通工具的发展，世界旅游业发展迅猛。统计数据显示，2019年全球旅游人数达到14.4亿，旅游业的总收入达到7.43万亿美元，对世界经济的贡献不可忽视。

（一）旅游方式趋向多样化

旅游方式的多样化已经成为一个趋势。也就是说，旅游不再是简单地走马观花，更多地加入了艺术、文化、食物、娱乐等元素，满足不同旅游者的兴趣和需求。例如，游轮旅游、主题公园旅游、深度文化旅游等受到越来越多游客的青睐。

（二）重视环境保护

环境保护已经成为世界旅游业的重要议题。旅游业对环境的破坏是事实，因此越来越多的旅游从业者意识到它的危害性并寻求解决方案。例如，推广可持续发展旅游、生态旅游和资源共享等是值得倡导的。

（三）旅游数字化迅速发展

旅游数字化在过去几年中得到了迅速发展。游客可以通过在线预订机票、酒店、租车、导游等服务，也可以通过社交媒体分享旅游心得和体验。这些数字化的服务方便了游客的出行，也为旅游从业者提供了更多的机会，使旅游业更加智能化和高效化。

（四）旅游业的国际化程度不断提高

旅游业的国际化程度不断提高，不仅体现在游客来源地的多样化上，也体现在旅游企业的国际化程度上。越来越多的旅游企业开始向海外市场扩展业务，而各国之间的旅游合作也越来越紧密。

旅游在线

世界杯开赛　卡塔尔旅游业坐享红利

2022卡塔尔世界杯在北京时间11月21日0时打响。在这场足球盛宴开启的同时，大量国际游客涌入了卡塔尔，由此也带动了当地旅游。11月20日，据携程消息，从本周开始到本届世界杯结束，卡塔尔的国际航班预订量将达到新冠肺炎疫情以来的峰值。世界杯同样带动了当地酒店的价格上涨，部分平台酒店预订均价增长超800%。为了缓解住宿紧张的情况，当地组织者还租用了邮轮为世界杯增加住宿供给。

国际机票价格环比增长54%

世界杯的举办给卡塔尔当地带来了大量游客。据央视财经报道，卡塔尔世界杯组委会预计，世界杯期间将有超过120万外国球迷入境卡塔尔，平均逗留时间为4～5天。

随着越来越多的国际游客跻身卡塔尔，不断增长的入境需求也拉动了赴卡塔尔的机票价格。据携程消息，11月14～20日，以卡塔尔为目的地的国际机票价格环比前一周增长54%。

不仅仅是携程，在多个国外预订平台上，卡塔尔机票的价格也是水涨船高。其中，在缤客（Booking）平台上，伦敦直飞多哈单程最低价格为5 056元；而世界杯结束后，12月19日该航线最低价格仅为3 080元，降低了近2 000元。

从客源国来看，携程数据显示，11月20日～12月18日，以卡塔尔为目的地的十大客源地国家分别为阿联酋、英国、日本、沙特阿拉伯、埃及、西班牙、印度、新加坡、泰国、法国。

《北京商报》记者搜索卡塔尔航空官网发现，以阿联酋为例，截至11月20日17∶28，11月20日从阿布扎比飞往多哈的头等舱价格为10 190迪拉姆，折合人民币约19 751元。而世界杯结束后，12月19日头等舱的价格为4 170迪拉姆，折合人民币约8 082元，仅为11月20日价格的40%左右。

从机票走势来看，在携程机票平台上，11月20日起飞的多个阿布扎比至多哈的经济舱机票已经售罄，11月机票最低价为2 833元，12月最低价为728元。

当地酒店均价增长超800%

世界杯开幕在即，卡塔尔当地的酒店也变得"抢手"起来。

据携程数据，11月14～20日，卡塔尔当地酒店的预订量同比增长291%，酒店预订均价同比增长459%。11月20日～12月18日，卡塔尔的本地酒店预订量同比增长352%，酒店预订均价同比增长810%。《北京商报》记者在携程平台上看到，多哈W酒店等不少高端酒店11月20～22日的全部房型均显示"已订完"，11月23日可预订房型也仅剩一种。

大量游客的涌入也推高了当地酒店的价格。北京商报记者搜索携程平台发现，多哈市中心马奎斯JW万豪侯爵酒店行政特大床套房11月22日的价格为20 399元。世界杯结束后，12月21日该房型价格仅为2 798元，世界杯期间上涨了7倍左右。

不仅仅是豪华酒店，在携程平台上，多哈城市洲际酒店、多哈金丝盖特酒店等酒店的多个房型价格也大幅增长。以多哈城市洲际酒店为例，高级特大号床间11月23日的价格为5 187元，而该房型12月19日的价格仅为2 562元。

在北京第二外国语学院旅游科学学院教授谷慧敏看来，作为大型活动，世界杯的举办对主办国的经济、政治等方面有极强的带动作用，并产生巨大的经济效应。客房、机票的价格也会受到极大的带动。

租借邮轮打造"漂浮酒店"

大量游客的涌入也让卡塔尔当地面临住宿紧张的问题。据报道，卡塔尔方面还租借了3艘大型邮轮停泊在多哈港，以缓解住宿紧张问题。《北京商报》记者也从MSC地中海邮轮了解到，MSC地中海欧罗巴号、MSC地中海歌剧号和MSC地中海诗歌号被打造成"海上漂浮酒店"，于卡塔尔世界杯期间靠泊多哈。其中，MSC地中海欧罗巴号拥有2 626间客舱。

谷慧敏认为，将邮轮作为漂浮酒店是一种较为新颖的模式。"对于主办大型活动的国家来说，投入大量资金新建酒店容易造成供大于求的情况，而租借邮轮在提供住宿的同时，也降低了成本。对于举办大型活动的国家及地区来说，是一种可以借鉴的做法。"

此外，在卡塔尔当地，大量的公寓、别墅还被改造成了临时酒店。据央视财经报道，卡塔尔旅游局统计，今年第一季度，卡塔尔的酒店客房数量仅在3万间左右。这些酒店房间中的80%已被国际足联预订，用于为各国球员、官员及赞助商提供住宿。从数个月前开始，卡塔尔各家星级酒店的客房已经是一房难求。为弥补酒店客房的严重不足，卡塔尔方面还在首都多哈附近建设了数个球迷村。

卡塔尔世界杯组委会方面表示，目前各国游客已经预订了超过9万间客房，卡塔尔方面还有超过2.5万间多种类型的房间可供选择。

对于世界杯给旅游产业带来的经济效益，资深旅游专家王兴斌谈道："旅游业与体育产业目前已经密不可分，每次重大体育赛事都会形成人工的旅游旺季，给旅游产业带来大量收入。此次的卡塔尔世界杯也给当地的旅游业发展带来了巨大机遇，拉动当地旅游业的发展，形成'双赢'格局。"

二、影响世界旅游发展趋势的因素

（一）社会文化方面

1. 传统模式的家庭在减少

造成这一现象的一部分原因是现在越来越多的人不愿意结婚而选择了单身生活，另一部分原因就是当今社会颇高的离婚率和不要孩子的"丁克"家庭的盛行。现在由一个人或者两个人组成的家庭越来越多,他们的生活是自由自在的,没有牵挂,没有羁绊,可以随心所欲地选择时间、地点去旅游。

2. 新的工作形式出现

首先,人们将告别传统的工作方式,坐在办公室里的时间会越来越短,有充足的闲暇时间去旅游,特别是进行以休闲和娱乐为目的的旅游活动。人们可以边赚钱边旅游,而不必等到每年一次甚至更长时间一次的假期。其次,人们将会经常离开公司所在的居住地到外地去工作,特别是那些高级管理人员和有专项技能的工作人员,这将大大增加旅游的人数。

3. 人口老龄化

第二次世界大战后,西方国家迎来了人口爆炸的一代,现在那代人已经变成了中老年人,而且在人口中占有很大比例,他们有钱、有时间且身体健康,具备成为旅游者的所有条件。

4. 人们的受教育水平普遍有所提高

20世纪70年代以来,随着文化水平的提高,人们对待生活的态度发生了巨大的变化。在闲暇时间里,人们不仅寻求更贴近自然的和更能丰富心灵的旅游活动,而且寻求自己所不熟悉的异国情调,注重文化内涵,想要探索一切未知的奥秘,更寻求肉体和精神的平衡、统一。这些需求相应地会增加户外型旅游产品的市场,如生态旅游、探险旅游等户外旅游活动。

5. 人们比以往更追求享乐

在高层次的客源市场中,经济实力雄厚的游客和追求高级享受的游客越来越多,他们不在意高昂的价格,只追求奢华的享乐,这将导致专项旅游和豪华游艇等高消费的旅游产品的需求量大大增加。

6. 人们将越来越乐于享受亲情和友情的温暖

未来,人们的社会观念会慢慢变得淡薄,人们将越来越认为社会所起的作用不再像以前那么大,而把注意力更多地转移到家庭和个人的交际圈的稳定上来。许多人喜欢在周末和家人或者朋友开启一个短暂的旅行,这就导致了自助旅游的增加。

(二)经济方面

1. 世界经济全球化

世界经济全球化是指世界各国经济在生产、分配、交换和消费环节的全球一体化趋势,是生产能力存量在全球范围内的转移活动。经济全球化是一个不可逆转的发展趋势。科技进步加快了产品、资金、信息、技术和人员等要素在全球的流动,跨国公司在海外生产、销售、研发不断扩大。各国加快开放和融入世界经济体系的步伐,国与国的界线已经越来越淡了,各个地区的旅游业也进入了世界这个大市场中,这就要求各地的旅游业要有自己的特点和卖点,才能在竞争中立于不败之地。

2. 经济形态多元化，并偏重于第三产业

第三产业在世界经济中的作用日渐提高，它的发展将进一步受到国际社会和各国政府的重视。旅游业作为一种新兴的产业，作为第三产业的一个重要组成部分，在世界经济发展中将发挥越来越重要的作用。现代旅游业因其涵盖食、住、行、游、购、娱等多重领域，它既可以带动相关产业共同发展，扩大劳动就业和消费需求，又可以塑造地区品牌形象和扩大对外影响力，是发展劳动密集型产业和优化经济结构极具潜力的切入点。

3. 贫富差距仍然很大

世界经济虽然总体来看是在不断向上发展的，但这种发展是不健康的发展，是建立在富国更富、穷国仍很穷的基础上的发展。面对这种贫富悬殊的经济状况，旅游业应该针对不同的消费群体采取不同的营销方法，推出不同档次的产品。

4. 世界范围内的消费需求将保持持续增长

近年来，虽然美国的经济增长显著放慢，但是东亚经济复苏势头强劲，形势相对稳定，成为当前世界经济中的一大亮点。总的来说，世界经济将继续保持增长，增长速度逐步恢复，全球经济形势将进一步改善，人们的消费需求也将持续上涨。在人们的消费活动中，除了生活必需品的消费以外，对旅游的消费需求是最大的，所以旅游消费需求也将持续上涨。

5. 体验经济出现

人类社会迄今为止经历了3种经济形态：产品经济、商品经济和服务经济。美国著名的未来学家阿尔文·托夫勒在《第三次浪潮》中指出："服务经济的下一步是走向体验经济，商家将靠提供这种体验服务取胜。"体验就是使每个人以个性化的方式参与到一项活动中，并获得一次难忘的经历。目前发达国家已经进入体验经济时代，而发展中国家才刚认识到体验经济的来临。服务业特别是旅游业与体验更是密不可分的，每个人参加一次旅游活动都想获得一次难忘的体验，这就要求旅游业在体验经济时代能够进行产品创新，为旅游者提供难忘的体验。

（三）科学技术方面

1. 信息技术的应用越来越普遍

信息技术的发展从根本上影响了旅游市场的营销方式，而且意义深远。因为旅游产品的真正业务实际是信息。游客和旅游业越来越多地使用互联网，这将会对产品、市场和旅游业务扩展有巨大的帮助。在世界范围内，互联网已经越来越多地被用于促销、查找、预订和支付旅游产品和服务。

2. 先进的交通工具和设备出现

首先,随着科学技术的进步,更快、更安全、更舒适的交通工具正在不断出现,这使人们外出旅游更加方便。例如,磁悬浮列车,速度已经达到400～500千米/小时。在1 500千米以内,乘坐磁悬浮列车将比乘坐飞机更具有优越性。其次,特殊的交通工具和设备也为那些必须有先进设备才能够进行的难度较大的探险旅游和太空旅游提供了条件。

（四）环境方面

1. 地球变暖导致世界气候变化

雪域地区、沿海地区和半干旱地区将失去原有的地理环境和气候特点,甚至还会成为当地的一种自然灾害,这也将严重地影响当地的旅游业。

2. 人们越来越重视生态环境的可持续发展

生态环境要持续发展,必须把握适度的开发速度,控制接待人数,增强环境意识。否则,太多的游客及相应的配套设施会对旅游地的环境造成过大的压力。破坏了旅游业赖以生存的环境,旅游也就不可能持续发展。

3. 世界城市化的发展趋势

近200年来,世界城市化的发展趋势加快(特别是在发展中国家),方兴未艾的经济全球化更使各国城市以前所未有的规模和速度发展。目前,世界人口约有一半居住在城市里,城市居民人数达到30亿,预计今后世界城市化的趋势还会加速发展。长期生活在城市里,人们就会想从繁杂喧嚣、污染严重的现代都市中得到暂时的解脱,想回归大自然、亲近大自然、享受大自然,探索大自然的奥秘,对自然的、天然的吸引物越来越有兴趣,这就为乡村旅游和生态旅游的发展提供了客源基础。

> 问题引导：简述人们越来越喜欢假日旅游的原因。
>
> _____
> _____
> _____
> _____

三、旅游业的未来发展

进入21世纪,面对世界政治、经济、科技发展的新变化、新趋势给旅游业带来的机遇和挑战,世界旅游业发展将呈现出新的发展特点和趋势。尽管各国的政治、经济情况以及旅游业的发展模式不同,但就整个世界旅游业来看,呈现了下列整体发展趋势。

世界旅游及旅行理事会报告看好全球旅游业发展前景

世界旅游及旅行理事会第21届全球峰会于2022年4月21日在菲律宾首都马尼拉开幕。会上发布的最新报告显示，旅游业将成为新冠疫情后推动全球经济复苏和创造就业的重要力量。

当天发布的《经济影响报告》显示，未来10年，全球旅游业年均增长速度将达5.8%，有望为全球贡献近1.26亿个新增就业岗位。

报告说，亚太地区旅游业将迎来显著复苏。未来10年，亚太地区旅游业年均增速将达8.5%，有望贡献近7 700万个新增就业岗位。

世界旅游及旅行理事会总裁兼首席执行官朱莉娅·辛普森说，旅游业对经济和就业至关重要，本届峰会将成为推动全球旅游业复苏的"催化剂"。

不过，疫情防控仍是旅游业重启的首要关切。菲律宾旅游部部长贝尔纳黛特·罗慕洛·普亚塔说，健康和安全出行仍是游客的优先关注点，菲律宾政府将加速推进新冠疫苗加强针接种，在推动旅游业复苏的同时做好疫情防控。

世界旅游及旅行理事会致力于增进人们对旅游业及旅行的了解，其总部位于伦敦，成员包括全球约100家主要旅游企业的高管。

（一）世界旅游业的高速发展及集约化发展趋势

自20世纪50年代以来，全球国际旅游的发展盛况空前，始终以高于世界经济的增长率持续发展。20世纪国际旅游的发展总体上属于数量扩张型的增长，即主要通过旅游的大众化发展，依靠国际旅游客流量的扩大来实现旅游经济总量的增长，但随着20世纪90年代以来全球可持续发展战略的提出和旅游大众化发展的负面影响，许多旅游发达国家和地区正在探索新的旅游增长方式，从数量扩张型向效益增长型的集约化方式转变，主要表现：一是注重提高国际旅游地的质量，通过增加旅游活动的内容，提高旅游的文化内涵和科技含量，改善和提高旅游服务质量，以刺激游客的消费，提高旅游地的经济收入；二是积极开拓高素质、高消费的国际客源市场，调整高消费型和经济型游客的比重，在限制游客过度增长的条件下，努力保持旅游经济效益的不断增长；三是强调旅游供给的投入、产出效益，推进旅游企业的兼并、重组和国际合作，提高旅游企业的规模经济效益；四是加强旅游企业和旅游行业的管理，强调旅游业发展必须促进和带动地方、社区的社会经济发展。

（二）区域发展的不平衡性

在国际旅游全球化发展的同时，国际旅游区域不平衡发展仍然持续存在，但已经出现了新的发展格局,欧洲和北美地区作为世界上经济最发达的地区,不仅是当今世界国际旅游最大的旅游客源地,而且是世界上最大的旅游接待地区,具备了产生大量国际旅游客流的条件。虽然欧洲地区接待国际旅游者的市场份额从1950年的66.4%下降到2000年的57.8%,但目前仍然是接待国际旅游者最多的地区;美洲地区接待国际旅游者市场份额从1950年的29.6%下降到2000年的18.6%,但其作为世界第二大国际旅游接待地的地位仍然相对稳定;东亚太地区自20世纪80年代以来,接待国际旅游者份额持续上升,已经从1980年的7.3%迅速上升到2000年的16.0%。根据亚太旅游协会发布的《2023—2025年亚太地区目的地预测》报告预计,截至2024年底,亚太地区在温和情景下的国际游客人数预计会进一步超过2019年水平,中等情景下的国际游客人数预计将增长6.7%,且增长趋势将延续到2025年。但是,在严峻的情景下,亚太地区截至2025年底的国际游客人数仍将比2019年少约10%。欧洲地区虽然仍居世界接待国际旅游者的榜首,但其接待国际旅游者的份额将大幅度下降至45.0%。此外,非洲地区、中东地区和南亚地区接待国际旅游者的市场份额也有一定的提高。

(三)国际旅游客流趋向分散化

20世纪国际旅游客流的发展格局相对集中在欧洲和北美两大地区,尽管这种格局在短时期内不会发生根本性变化,但从世界经济区域一体化和多极化发展的态势看,进入21世纪后,国际旅游客流由20世纪的相对集中渐渐趋向分散化发展。随着亚洲、非洲和拉丁美洲一些新兴工业国脱颖而出和发展,其人均国民收入迅速增加,产生大量出国客源的条件日趋成熟,将逐渐成为具有巨大市场潜力的新兴客源国。而世界一些传统旅游客源国由于受经济衰退的影响,为了维护国家收支平衡,限制硬通货大量外流,纷纷采取诸如外汇限制和征收出国旅游税等措施,限制本国居民大批出国旅游,致使传统旅游客源市场的进一步扩大受到限制。此外,随着国际旅游业的持续发展,以及国际旅游产品趋向多样化发展的态势,许多发展中国家依托丰富独特的旅游资源优势,把旅游业作为重点产业优先发展,形成了大量具有鲜明特色和较强吸引力的旅游产品和旅游目的地,从而使国际旅游客流的流向趋于复杂和分散。

展望未来,世界旅游的整体格局在近20年内不会发生重大变化。从总体上看,大约80%的国际旅游者和国际旅游收入仍主要流向欧美地区,它们占据国际旅游市场的主导地位,但是随着亚太地区的经济发展,国际旅游的客流正出现东移的新趋势,亚太地区的旅游业正成为世界旅游业新的崛起点。经济全球化发展的同时,世界区域一体化也在加快发展步伐,尤其是进入20世纪90年代以后,欧盟统一大市场的启动、北美自由贸易区的建立、大东盟的提前实现、环印度洋合作联盟的组成以及南非发展共同体和东非合作委员会的成立,不仅加快了区域一体化和经济全球化的进程,推动了世界格局向多极化发展,加剧了国际的竞争,而且增强了世界经济的活力,为国际旅游的进一步发展带来了机遇和挑战。一方面,随着区域一体化的迅猛发展,区域内成员国之间贸易壁垒的削弱、出入境手续的简化等，区域地缘优势得到进一步发挥，为区域内国际旅游客流的流量增加和流速加快创造了更好的条件和机遇；另一方面，区域一体化的排他性特征，给成员国和非成员国之间的国际旅游客流流量和流速带来一定的影响和障碍，直接对远距离和跨洲、跨国间国际旅游的可持续发展带来严峻的挑战。

（四）科学技术对世界旅游业的影响

具有广泛且深刻经济意义的信息技术革命，不仅正在迅速改变现代经济的特性，而且几乎影响人类社会经济的所有方面。进入21世纪，信息技术仍将保持较快的发展和广泛的应用，从而对发展中的世界旅游业带来重要的影响和挑战。随着信息技术尤其是国际互联网的迅猛发展及其在旅游业的广泛应用，网络营销、信息查询、预订系统、网上旅游、信息系统管理、办公自动化等，不仅为旅游业的快速发展提供了现代化的手段，也为旅游业进入一个崭新的发展时代创造了良好的条件。

1. 旅游营销趋向网络化

随着21世纪旅游经营的全球化发展，尤其是现代信息技术和国际互联网的迅猛发展，形成了旅游营销的网络化发展趋势，突出表现在4个方面：一是旅游宣传促销网络化，即通过利用国际互联网技术和信息"高速公路"建立大量的旅游网站，制作各种各样生动活泼的旅游网页，介绍和宣传旅游地的风景名胜、旅游线路、航线航班和出游方式等；二是通过旅游电子商务的发展，广泛进行网上预订、网上组团、网上结算，不仅使旅游业务更加方便快捷，而且减少了旅行社之间的延期付款及拖欠款问题；三是随着旅游经营全球化发展，逐渐形成集旅游开发商、批发商和零售商为一体的旅行社经营网络，而依托全球性的旅行网络和各国的旅行社销售网，既有利于迅速开拓国际客源市场，又能提高旅游目的地在国际市场的竞争力和市场份额；四是国际互联网、广告宣传媒体、人员促销、会议展销等营销方式有机结合，形成旅游营销网络一体化的发展态势。

2. 先进科学技术在饭店中的应用日益广泛

从传统眼光看，饭店业是一种劳动密集型的服务性行业。但随着科技的迅速发展，这种状况正在发生转变，旅游饭店的科技含量正日趋提高。使用先进的设备设施，全面的电脑智能管理，信息技术的运用，将成为饭店在竞争中求得发展的必要手段。随着互联网技术的发展和全社会信息化进程的加快，以电子信息技术为代表的现代科技，逐步进入饭店业，饭店的智能化程度不断提高，客人感到更加舒适、方便。网上预订、网上宣传促销将逐步取代传统的电话预订、邮寄宣传资料和新闻媒体广告等；客人入住手续方便快捷，完全电脑化操作，客人可直接从电脑屏幕挑选自己喜欢的房间类型，不再像以往那样总台分配哪间房间就住哪间房间；客人的身份资料也将利用先进的电脑扫描技术录入电脑，免去人工登记、确认等烦琐的程序；客房配备先进的多媒体互联网络和电子控制技术，客人可以通过房间内的电脑显示确认自己的个性服务内容。如每天叫醒时间、送餐时间、收衣和送衣时间、预订机票和宴席、与工作单位联系，以及与客户进行业务联系等。互联网技术在旅游业和国际旅游饭店的广泛应用，促进了旅游饭店的网络化经营和智能化管理，成为现代旅游饭店提升市场竞争力的重要发展趋势。

（五）旅游者的需求变化趋势

旅游者始终是旅游活动的主体，旅游者的数量和需求是旅游业发展的决定性因素。随着社会经济的发展，人们生活条件和环境的改善，旅游活动必将进一步趋向大众化、生活化。人们的旅游需求正向多样化、高质化方向发展，旅游已经成为或即将成为人们生活的基本需求之一。也就是说，未来的旅游既是人们的天赋权利，又是人们追求自我发展的基本方式。未来旅游者的需求变化趋势主要体现在以下4个方面。

1. 社会人口变化的趋势

人口老龄化的趋势。一方面，随着世界各国经济的发展，人们用于医疗保健支出的增加，以及生活条件的改善，人们的预期寿命会越来越长；另一方面，在一些工业化发达国家，人口呈现低增长率或负增长率，这种状况改变了人口的组成，导致平均年龄增大。因此，人口老龄化是世界性趋势。按世界人口学界现行规定的标准，一国人口中，老年人系数超过7%，即为老年型国家。国家统计局公布的第七次全国人口普查数据显示：1950年，全世界60岁以上的老年人约有2亿，1970年达到3亿，2002年全球60岁以上的老年人口达到6.06亿，并且以比总人口快得多的速度递增。2020年，我国总人口达到14.11亿，比2010年第六次人口普查增长了5.38%。这是我国历史上人口规模最大的一次增长，但增速较十年前的5.84%有明显放缓。2020年，15～59岁劳动年龄人口占比为63.35%，比十年前下降了6.79个百分点。反之，60岁及以上老年人口占比由2010年的13.26%上升到2020年的18.70%，增加5.44个百分点。人口老龄化趋势持续加剧。老年人是经济发达国家拥有自由支配收入和闲暇时间最多的社会阶层，随着老龄人口的增加，这部分稳定的旅游市场将会不断扩大。

由于世界各国越来越关注妇女的社会地位，妇女中就业人数也在不断扩大，女性将逐步摆脱琐碎的家务劳动和家庭的束缚，向从事社会劳动方向发展。这不仅导致了家庭收入的提高，而且由于妇女社会地位的提高和经济收入的增加，促使她们走出家门，进行旅游活动。从20世纪80年代起，女性赴海外进行旅行的人数在逐渐增加。近几年，日本妇女外出旅游的人数增长率就已经超过了男性。

成年人中单身者的比例将会扩大，无子女夫妇的比重也将增加。这些人没有抚养子女的负担，大多数花费用在娱乐、旅游、餐饮等方面。单身者比那些结婚的同龄人旅游的次数要多。另外，晚婚趋势的出现，使年轻人有更多的精力从事工作与学习，从而在婚前积累了一定的收入，可作结婚旅游之用。一些国家旅游结婚、外出度蜜月的趋势也在增长。

受教育程度将进一步提高。受教育程度的高低，对外出旅游的兴趣也有一定影响。随着教育水平的提高，人们对旅游的兴趣也在提高。在美国，未得到高中文凭的家庭，外出旅游数只有50%；有高中文凭的家庭，外出旅游数占65%；受过高等教育的家庭，外出旅游数达75%；得过学位的家庭，外出旅游数高达85%。

2. 闲暇时间变化的趋势

时间是影响旅游的重要因素。旅游不但要有钱，而且要有时间。随着社会劳动生产率的不断提高，人们的闲暇时间将增加。更长的假期，更多的假日，更短的周工作时间，对旅游的影响很大，而且这种趋势还将继续。另外，随着社会的进步，劳动者退休的年龄也将会提前，这一切都会大大增加人生中的自由时间。

3. 人们旅游观念变化的趋势

社会的发展，必然使人们的旅游意识不断增强，旅游越来越成为人们生活中必需的要素之一。未来的旅游已不再是单纯为了娱乐和消遣，而将成为个人阅历的显示和增长知识的需要。有人认为，旅游经历往往比实际的物质享受更重要。特别是今天，更强调自我实现与自我满足，社会也在一定程度上支持自我表现和自我实现的追求。在旅游活动中强调个性化与自我参与将是未来旅游需求的主要趋势。

4. 旅游需求本身的变化趋势

随着生活水平的不断提高和思想的进步，人们在旅游业发展中也将产生新的需求变化。这种新需求变化主要表现为以下几点。

（1）产生新的需求总量。经济发展必然带动生活水平的提高，特别是许多逐步富裕起来的经济后发国家的居民，他们在基本生活得到保障之后，会像发达国家居民一样，产生并增加旅游需求，旅游将成为他们生活中不可缺少的一部分，这将造成显而易见的需求总量的扩大。

（2）产生新的需求类型。从现在来看，国际上传统的观光、度假型旅游产品已经基本成熟并为众多的旅游者所接受，但一些新的需求，如探险旅游、体育旅游、海上旅游等会随着世界旅游经济的发展而不断产生出来，并逐步增长其比重。甚至在科学昌明、技术进步的前提下，太空旅游、深水旅游等新的旅游需求也会出现。

（3）产生新的需求质量。21世纪，人们追求新奇和个性化的心理特征将更突出，对旅游的心理预期有所提高。在旅游需求方面，除保证安全外，新鲜感和心理满足将发挥更大的决定作用。

综上所述，随着社会人口的变化和人们闲暇时间的增加，未来旅游的需求在量上必然是不断增加的趋势。由于人们旅游观念的变化，强调个性的发展，必然导致旅游需求的多样化和质的提高。特别是随着社会财富的积累，一些人收入趋高，他们在旅游活动中，需要豪华的设施，以满足个人的需要。但是旅游的高质化趋势不等于超豪华趋势,而是人们在旅游活动中需要高质量的服务,如交通的快捷安全,通信的方便畅通,吃与住的舒适安逸、价格便宜,使旅游者获得自我表现和自我实现的满足,这些都是高质量的需求。总之,多样化、高质化的旅游需求将是未来旅游需求的一大趋势。

(六)旅游者对旅游安全更为重视

世界局势的缓和使世界避免爆发全球性毁灭战争成为可能,但世界上局部地区战争和冲突时有发生,民族冲突、宗教冲突、国际恐怖主义可能随时会对旅游发展形成局部威胁。在具备闲暇时间和支付能力的条件下,唯一能使旅游者放弃旅游计划的因素就是对安全的顾虑。旅游者考虑的安全因素主要有局部战争和冲突、恐怖主义活动、旅游目的地政局不稳定、传染性疾病流行、恶性交通事故的发生、社会治安状况恶化等。旅游者只有对各方面的安全因素确定无疑后才会启程。因此,各旅游接待国或地区都越来越重视安全因素对市场营销的影响,力求从每一个环节把好安全关。针对一些不可预测的不安全因素,为游客预先代办保险,这样做一方面可以减轻游客的后顾之忧;另一方面,一旦事故发生,可以将其对市场的冲击力降到最低限度。例如,2004年12月26日发生在印度洋罕见的大海啸,不仅给沿岸多国带来巨大人员伤亡和财产损失,而且演变成一场国际性灾难。受到海啸严重影响的印度、印度尼西亚、马尔代夫、泰国和斯里兰卡5个国家,其旅游业也因安全问题遭到重创。

(七)世界旅游业发展的可持续化

随着旅游的广泛开展,人们更加重视生态环境的保护,更加重视对环境污染的治理,更加重视对世界文化遗产和各种文物古迹的保护,以谋求旅游发展与自然、文化和人类生存环境融为一个和谐的整体,促进世界各国社会经济的可持续发展。旅游发展的前提条件就是丰富的自然旅游资源、人文旅游资源及良好的环境条件。旅游的可持续发展是指在充分考虑旅游活动与自然资源、社会文化与生态环境相互作用和影响的前提下,把旅游开发建立在生态环境承受能力之上,努力谋求旅游业与自然、文化和人类生存环境协调发展,并福及子孙后代的一种经济发展模式。其目的在于为旅游者提供高质量的感受和体验,促进旅游目的地居民的生活质量不断提高,并切实维护旅游者和旅游地人民共同依赖的环境质量。随着人们对资源、环境保护的重视和世界各国生态环境的保护和恢复,生态旅游已成为21世纪旅游的主体。与此相符,各种绿色酒店、绿色食品、绿色营销及保护环境、回归自然的旅游活动的广泛发展,必将促进旅游业走上可持续发展的道路。

> **问题引导**：生态环境对旅游业的影响有哪些？
>
> _____
>
> _____
>
> _____

🍀 旅游劳模 践行剧场

"新时代旅游业的女性榜样"服务楷模——谢丽

  谢丽，现任舟山市普陀山旅行社有限公司导游员。她从业十几年来，遵守国家相关法律法规和行业规章制度，遵守职业道德，诚信服务。她恪尽职守，处处为游客着想，热心为游客办事，曾数次参与岛上重大接待任务，也是港台地区和东南亚华人华侨游客每年参访普陀山的指定接待导游员，多次收到外方旅行社的感谢函。她先后荣获"全国旅游系统劳动模范""浙江向上向善好青年"等称号。

  谢丽为当好"民间大使"，努力提高自身素质，注重知识积累。2006年，她赴杭州考取了海外领队证、中级导游证；2011年，她又考取高级导游，成为普陀山首名高级导游员。很多客人都这样说："她是我遇到的最有素质的导游之一，热情周到的服务、文明的言谈举止、丰富的文化知识，给我留下了难忘的印象。"

  谢丽十几年来接待游客已超10 000人次，年平均接团150个左右，工作日将近300天。旅游旺季，她平均每天步行5～10千米，多年带团无一起责任投诉，是单位的劳动模范。谢丽有一种信念：干一行爱一行，既然选择，必须敬业。她包里总有一包含片，最严重时她竟然失声，医生强烈要求她禁止说话1个月，但经几天雾化治疗后她便回到一线。有一年，普陀山客流量创历史新高，接待任务愈加繁重，数月劳累外加严重的胃病、慢性咽炎，她终于病倒，此时距她上次回家已经3个多月了。家人劝她休息，她说："现在是单位最需要我的时候，怎么可以请假！只要能坚持，就要回到岗位上。"因此，她又得了个"铁人"的外号。

  谢丽乐于助人，经常帮助同事，照顾后辈，在业务上分享知识和技巧，自掏腰包为他人排忧解难。她在路上捡到驾驶证和行驶证后寄给失主，失主特地寄来锦旗和感谢信。她看到售票窗口放着游客遗失的证件，主动要求交给她处理。一周后失主打来电话："非常感谢你！虽补办费用不高，但麻烦。要是普陀山多一些像你这样的导游就好了。"她回答："普陀山有这么美的自然风景和佛教文化，如果大家做到诚信，在游客眼里这里就能更美！"

  她热心公益事业，捐款名单上总会出现她的名字，她还通过"格桑花西部助学网"与甘肃、青海玉树等地区的贫困生结对，2009年至今已有6人在她的资助下完成初高中学业。

很多人问她为什么做导游,她诚恳地回答:"我把它当作另一种人生,在别人的认同中实现自我价值。寺院相同而人不同,在我眼中最美的风景是人与人之间相处与信任的过程。我们的一举一动都关乎普陀山的旅游形象!如果做好了,成就感远胜于谋生的快乐!"

"简单的事情重复做,重复的事情认真做。"谢丽正是凭借这一信念积极开展工作的。她在工作中传播正信的佛教理念,为普陀山打造成世界一流的佛教圣地和国际旅游胜地,贡献自己的一份力量!

（资料来源：中国妇女旅游委员会，2019-12-24. http://www.chinawtc.cn/lilunyuandi/20191224/853.html）

第二节　中国旅游业的发展趋势

中国是世界上四大文明古国中现存最大的国度,历史悠久,源远流长。现代经济的高速发展,社会安定团结,人民生活富足,为中国的旅游业开辟了广阔的发展空间。另外,我国的地域辽阔,地理景观复杂多样,民族众多,地方文化差异大,旅游资源十分丰富;中国人口众多,国民收入增加,为旅游业的发展奠定了丰富的物质基础。因此,中国的旅游现正在朝着国内旅游大国、入境旅游大国、出境旅游大国发展。

中国的旅游业有着十分明显的分界线:东部沿海经济发达,是最大客源的输出地;西部旅游资源丰富,是最大的客源输入地。但是随着西部开发的深入,东西部旅游大融合是东西部经济融合的必然趋势。东部因经济发达,商务旅游、会展旅游已经逐渐取代传统的观光旅游;西部因地理景观丰富,风光秀丽,观光旅游仍是旅游业发展的主流。

旅游在线

"国际张"惊艳全世界！首届湖南旅游发展大会在张家界开幕

绚烂夺目,光彩亮丽,随着一场盛大的焰火视觉秀,首届湖南旅游发展大会开幕式暨文化旅游推介会于2022年11月19日晚在张家界举行,焰火点亮"国际张",世界见证张家界文化旅游资源的蓬勃生机。

本次开幕式以"仙境张家界"为主题,将山水实景与文艺表演巧妙融合,用不同的视角和丰富的艺术手段,全方位呈现仙境张家界的城市魅力,展现三湘大地的旖旎风光和湖湘儿女的热情好客,拉开了首届湖南旅游发展大会序幕。

民族风、破次元、展景观,山水实景融合文艺表演,开幕式秉持创新理念,将山水实景与文艺表演巧妙结合,以科技赋能传统民乐、非遗技艺等深厚的湖湘文化元素,带来了一台集山水之美、文化之美、艺术之美于一体的高规格、高品质艺术盛典。

"三湘四水风光美，芙蓉国里尽朝晖。"悠扬婉转的歌声飘荡在彩灯照耀的星空之夜，拉开了开幕式的文艺展演舞台，民族歌舞秀、民俗器乐秀、科技创意秀等艺术大秀轮番登场，唯美雅致、清新灵动的视觉场景不断变换，极富沉浸感、科技感和交互感。

桑植民歌《马桑树儿搭灯台》，让人感受到革命先烈浪漫的革命爱情故事；《刘海砍樵》新编在现代乐团与古典乐器的碰撞下绽放出新的国潮火花；在激昂壮阔的《迎客鼓》表演中，湖南卫视数字主持人小漾欢快而来，非遗与虚拟惊艳对话；在三千奇峰高耸、八百秀水蜿蜒的人间仙境舞动，《山水仙踪》舞者犹如"舞蹈精灵"闯入了绿野仙踪般的童话世界；野外露营、围炉煮茶、高空冒险等张家界潮玩方式浮现眼前，让人听完就想来一场说走就走的大美湖南之旅。

除主舞台外，三大创意舞台外场秀尽显好吃、好玩。开幕式在张家界的七星山、天门山、魅力湘西还设置三大分会场，为我们带来了不同视角的艺术表演。在海拔1 520米的七星山上，"情侣游客团"上演《爱的飞行·1520》创意秀，用谐音寓意美好的爱情；在天门山999级天梯上，一场穿越千年的非遗民族服装秀震撼上演，身着精美服饰、行走在亿万年的天门奇洞下，令人叹为观止；魅力湘西文旅集市热闹非凡，既有板板龙灯、苗银等历史悠久、源远流长的非物质文化遗产，也有土家十大碗、莓茶等舌尖上的地道美食，展现"好吃、好玩、好有味"的张家界。

以文促旅，以旅兴文，今夜明珠点亮"仙境"张家界，开启文旅融合新范式。明珠点亮"仙境"张家界，象征光明和希望，张家界的建设者代表手捧明珠登台，交相辉映、逐渐汇聚，唤醒大会吉祥物——"山娃娃""鲵宝宝"。同时，明珠跃然荧屏，如耀眼星辰般打破次元壁，带领观众来到现实与虚拟多重交互的张家界，穿梭张家界著名景点与风景地标，带来震撼的视觉感受。

作为首届湖南旅游发展大会的承办地，张家界举全市之力、汇全市之智，力争"立标打样"，走出一条可借鉴的道路。3年来，面对复杂局面及众多挑战，张家界推出了一批落地见效的文旅项目，催生了一批旅游新产品新业态，打造了"后疫情时代"旅游发展的样本，进一步推进惠民工程，带动城乡繁荣，推动发展提速，不断擦亮"仙境张家界 峰迷全世界"的金字招牌。

旅游兴，百业旺。旅游业是湖南经济社会高质量发展的重要引擎，举办首届湖南旅游发展大会，也将进一步加快建设世界知名旅游目的地，为全省旅游高质量发展"立标打样"。从2022年起，湖南省将每年举办一次全省旅游发展大会，实现"办一次会、兴一座城"。

一、旅游业支柱产业地位将被确立

（一）对旅游的有效需求为旅游业成为我国国民经济的支柱产业提供了最重要的资源和优势

如今，决定旅游业能否发展成一个支柱产业的最重要因素并不是旅游供给能力，因为社会的供给能力已经很强。根据《2022年文化和旅游发展统计公报》显示，2022年末，全国共有旅行社32 603家。根据旅行社填报系统数据显示，全年全国旅行社营业收入1 061.56亿元，营业利润亏损68.87亿元。全国旅游监管服务平台的星级饭店管理系统中共有8 365家星级饭店。根据填报系统数据显示，全年全国星级饭店营业收入1 177.68亿元，平均房价318.48元／间，平均出租率38.35%。全国共有A级景区14 917个，直接从业人员147万人，全年接待总人数26.3亿人次，实现旅游收入1 818.5亿元。2022年，国内旅游总人次25.30亿，同比下降22.1%。国内旅游收入（旅游总消费）2.04万亿元，同比下降32.0%。旅游交通、旅游餐饮、旅游娱乐、旅游购物等也在旅游需求的刺激下，不断有数量上的增加和质量上的提高，在市场经济条件下市场是最大的优势，需求则是最大的资源，关键是形成社会的有效需求。目前来看，社会对旅游的有效需求是各个领域中最突出的一部分，主要表现：①旅游需求的特点非常突出；②旅游需求的规模非常大；③旅游需求的包容量很大；④旅游需求是社会的最终需求。

（二）旅游发展的经济指标及其预测证明旅游业有望成为我国国民经济的支柱产业

20世纪80年代，旅游金融行业崭露头角；到了20世纪90年代，旅游金融行业开始快速发展；进入21世纪初，随着互联网技术的发展，旅游金融行业进入转型阶段；21世纪中叶，该行业进入深化阶段。

近年来，我国旅游业的总收入持续增长，已经成为全球最大的旅游市场。旅游金融作为旅游业的重要支撑，其市场规模也随之不断扩大。各类金融机构纷纷加大对旅游业的投入，推出各种旅游金融产品和服务，满足游客和旅游企业的多样化需求。根据相关数据，2022年，我国旅游金融的总金额约为1.62万亿元，同比增长4.5%；我国旅游金融服务的人数约为25.3亿人次，同比增长22.1%。其中，在我国旅游金融中，旅游保险领域的总金额最多，约为6 400亿元，占比约为40.3%。我国旅游金融行业涵盖旅游景区开发、旅游项目建设、旅游购物、旅游保险等多个方面。这些业务领域的资金需求巨大，为旅游金融行业提供了广阔的发展空间。同时，随着科技的进步和互联网的普及，互联网金融逐渐渗透到旅游业，推动了旅游金融行业的创新和发展。

（三）旅游业的多种功能为其成为我国国民经济的支柱产业创造了条件

旅游是一项涉及经济、社会、环境、文化等各个方面的社会活动，这就决定了旅游业的发展必然会给旅游地带来经济、社会、环境、文化等一系列积极的和消极的影响。从积极的方面来看，旅游具有多种功能，即经济功能、文化功能、社会功能、环境功能、教育功能、娱乐功能、体育健身功能等。其中，旅游的经济功能是最基本的。由于旅游业具有很高的产业关联度，能够带动许多相关产业的发展，因此，它不仅能增加外汇收入，平衡国际收支，而且能刺激相关产业的发展，扩大国内需求，增加经济活力，扩大就业，调整产业结构，改善投资环境，等等。旅游的社会、文化功能是指旅游对旅游地的社会结构、价值观念、生活方式、民俗习惯和文化传统等带来的积极影响和引导。旅游的环境功能是旅游进一步发展必须追求的功能，旅游所依赖的自然环境在遭到外界干扰和破坏后容易引起环境的退化和破坏，并且这个过程往往是不可逆的。因此，旅游和环境之间的关系是相当复杂的相生相克的关系，一个区域旅游的发展有可能促成其自然和人文环境的保护，但也有可能造成其原有自然和人文环境的退化和破坏。因此，要保持旅游的可持续发展，就必须注重发挥旅游的环境功能，将旅游业发展成真正的"无烟产业""绿色产业"。旅游的其他功能是旅游活动本身就会发挥的功能，关键是在旅游开发和经营中应被充分利用。旅游的这些功能的充分发挥，将全面拉动经济的增长和社会的进步。

二、旅游可持续发展战略的必然选择

实施旅游可持续发展战略是我国旅游发展的必然选择。

（一）绿色观念将深入人心

旅游者、旅游管理者和旅游经营者将逐渐清楚地认识到，环境是旅游发展的最基本要素和最重要基础，也是旅游的主要卖点之一。虽然从道理和规律来看，实施旅游可持续发展战略应该是必然的、内在的，但人们对这一简单道理的认识也是有一个过程的，仍然需要转换观念，树立旅游发展中的绿色观念。绿色观念深入人心，将培育一代新型的旅游者、旅游管理者和旅游经营者。这一代新型的旅游者将具有强烈的环保意识和追求生态旅游的强烈愿望，他们对可持续发展有比较明确的认识，他们对旅游可持续发展战略的促进、形成和实施都会起到重要的作用；旅游管理者将以可持续发展思想代替急功近利思想作为管理思想的基础，不仅注重旅游发展的经济效益，而且十分注重旅游的环境效应，自觉保护旅游赖以生存和发展的环境；旅游经营者将进一步认识到，旅游经营破坏环境无异于自杀，所以也将在经营活动中重视旅游资源和环境的保护。

（二）绿色开发将成为旅游资源开发利用的方向

要保证旅游业的可持续发展，就必须以绿色开发作为旅游资源开发利用的方向。所谓绿色开发，就是在旅游资源开发利用的过程中，始终以可持续发展为最高目标，以追求开发效益来替代传统的追求规模的开发模式，充分利用可再生旅游资源，合理保护不可再生的旅游资源，并广泛利用社会资源。从现状来看，我国旅游资源的开发还普遍处于外在追求开发规模的阶段，深度开发、深化利用不够，这种粗放型的资源利用方式必然会导致旅游景点遍地开花而缺乏精品，这样旅游景点的生命周期较短，不能保持永久的生命力。因此，旅游资源开发中的深化利用、追求效益和延长生命周期是一种必然趋势。

旅游发展有一个特点，就是一切可以吸引游客的东西都可以视为资源。因此，应广泛利用社会资源。对于分散的社会资源，可以通过旅游的组合，形成有效的资源；对于有效的社会资源，可以通过旅游的发展来提高其附加值。例如，如今正在兴起的观光农业、休闲渔业、工业旅游、科技旅游、教育旅游、文化旅游、体育旅游等都是对社会资源的广泛利用和深化利用，这种利用可以说是无穷无尽的。例如，酒厂过去是生产酒之后去卖酒，而现在很多酒厂都开发成了旅游景点，从选料工艺到最后的勾兑，游客都可参观游览。这样游客不仅增长了知识、丰富了体验，还宣传了酒文化，同时也提高了酒厂产品的知名度。可见，这种对社会资源的广泛利用本身就是一种可持续发展。

（三）旅游产品的绿化趋势

所谓旅游产品的绿化，是指服务于旅游的旅游工业、旅游农业、旅游交通，以及服务于旅游者的旅游景区、旅行社、旅游饭店等产品的开发、生产、经营、促销等都建立在可持续发展的原则之上，突出环保意识，强化环保观念，不破坏环境。

1.旅游工业的绿化

旅游工业是随着旅游产业的规模越来越大，其所需的上游供应商越来越多而形成的一个工业体系。这个工业体系大体包括两部分：一是供应旅游企业所需的产品的工业部门，二是旅游工艺品和纪念品工业。其中，第一部分提供给旅游企业的产品应尽可能地不危害环境，第二部分工业所提供的产品应该是所用材料广泛、以手工劳动为主、地方特色鲜明的天然绿色产品。

2.旅游农业的绿化

旅游农业直接服务于旅游企业，间接服务于旅游者。旅游农业提供给旅游企业的产品应该追求新、特、土、绿，即新品种、特色品种、土产、无污染源、无农药产品，这本身就是绿色产品，包含环保的概念。

3.旅游交通的绿化

旅游交通包括陆路交通、水上交通、空中交通、城市观光交通和索道交通，其基本功能是运输，但旅游交通还具有观光、娱乐以及特种旅游的功能。如游船，其主要目的不是运输，而是为了满足游客的观光、度假需求。旅游交通的发展趋势也将是逐步使用可再生能源，循环利用不可再生资源，尽可能少地排放"三废"，甚至是采用一些原始的交通工具，如马车、轿子、三轮车等，或者提倡徒步旅行，以减少对旅游环境的损害。

4.旅游景区的绿化

在各类旅游景区中，都要大力加强绿化和美化，形成优美的环境。

5. 旅行社的绿化

一方面，旅行社推出的旅游产品应该是绿色旅游产品，如森林旅游、滑雪旅游、海洋旅游、沙漠旅游、探险旅游等；另一方面，旅行社在组织旅游的过程中，应注重宣传旅游可持续发展和环境保护的重要性，引导和教育旅游者自觉维护环境。

6. 旅游饭店的绿化

目前，绿色饭店已经崭露头角，也很快会在全国推广，并形成一种普遍的趋势。在"绿色浪潮"的影响下，绿色饭店的创建起初是企业的一种自发行为，各地都有一些饭店自行运作。而浙江省文化和旅游厅则及时抓住这一动向，把其上升为一种有组织、规范化的行为。浙江省文化和旅游厅与环保局、技术监督局以及能源部门等共同研究制定了一套创建绿色饭店的标准，来检查和督促饭店企业的绿化。这不仅大幅度地降低了饭店的成本，更重要的是使饭店形成了一种新的经营理念和市场形象，有利于旅游饭店业的可持续发展。

三、旅游产业结构渐趋完善

结构优化本身就是生产力，即使在规模和总量不变的情况下，通过结构的优化也可提高附加值和竞争力。因此，优化旅游产业结构是我国旅游发展中所面临的重要任务，也是我国旅游发展的必然趋势。

（一）行业结构渐趋优化

行业结构的优化就是通常所讲的食、住、行、游、娱、购这六大要素之间的优化。从分析我国旅游业的发展历程来看，20世纪80年代这六大要素全面制约旅游的发展，而后始终存在短线制约，最初的制约点是饭店，后来是交通。进入20世纪90年代，短线制约大大缓和，现已基本不存在，但薄弱环节仍然存在。目前，购物虽是消费弹性最大、边际效益最高的，但它反映出一种停滞状况，是我国旅游行业的薄弱环节。大家都已认识到这个薄弱环节，但还未找到更有效的措施。江苏省文化和旅游厅已经设立了旅游纪念品开发专项基金，泰安组织了旅游纪念品设计大奖赛，并准备召开世界性的旅游纪念品博览会，这些都是很好的尝试。

（二）市场结构渐趋优化

优化的市场结构应该是多元化的市场，中国这样一个大国局限于单一市场或少数市场是不够的，不仅风险大，而且容易受制于人。因此，必须形成一个多元化市场结构。市场结构的优化主要包括两个层次：一是入境旅游、国内旅游和出境旅游三者之间的市场结构优化；二是入境旅游、国内旅游和出境旅游各自内部的市场结构优化。

从前者讲，中华人民共和国文化和旅游部已经明确指出，总的方针是大力发展入境旅游，积极发展国内旅游，适度发展出境旅游。从后者看，必须积极开拓入境旅游市场，如抓重点市场促新兴市场，抓老客户促新客户等。对于国内旅游市场，各地都有市场优化问题，应形成本地市场、周边市场和远距离市场的多元格局。

（三）产品结构渐趋优化

产品结构优化的目标是产品的多样化，包括以下两个方面。

（1）大的产品结构的优化，即观光旅游、度假旅游和特种旅游产品结构的优化。目前，我国旅游产品的这个结构还不尽合理，主要以文化性的观光旅游为主，度假旅游刚刚开始，特种旅游积累了一些经验，但规模不足。因此，今后追求的目标和发展趋势，就是这3种产品平衡和协调发展，度假旅游和特种旅游的比重应逐步上升，而观光旅游的比重则将相对下降。

（2）从质量角度分类的4类旅游产品，即普品、精品、特品和绝品之间的结构优化。现在，我国的旅游产品是普品较多，特品和绝品有一些，而精品缺乏。这是因为我国有很多独特并令人称绝的资源，而我们缺乏精品，是由于对旅游产品的深度开发不够，没有挖掘出其中的文化内涵。因此，今后旅游产品的开发应在"精"字上下功夫。

四、区域旅游将协调发展

协调并不是均衡，区域旅游的协调发展并不意味着所有的区域把旅游作为支柱产业来发展。应该说，协调意味着各个地方的优势能够得到充分发挥。在现有的条件下，我国区域旅游的协调发展主要表现在以下几个方面。

（一）东西部旅游的协调发展

东西部之间协调发展的关系是首先要处理好的。从现状来看，东部地区是我国旅游发展的基地和主体，西部地区则是我国旅游发展的潜力和后劲所在。因此，东部地区旅游发展的主要任务是提高产品质量，多出精品；西部地区的主要任务是创新，多出绝品、特品，目前的发展重点是扩大发展规模。实际上，我国东西部旅游的发展是互补的，互为资源市场，互为客源市场，这种互补关系有利于东西部旅游的协调发展。

（二）城乡旅游的协调发展

改革开放以来，随着我国城市化步伐的加快，形成了一种以中心城市为主，带动区域旅游发展的新格局，使城市在区域旅游发展中的作用越来越重要。同时，农民旅游也在悄然兴起，从1998年国内旅游的抽样调查来看，农民旅游的增长率和消费的增长率都超过了城市旅游。因此，在区域旅游的发展过程中，城乡旅游的协调发展也很重要。

城乡旅游的协调发展主要表现在以下两个方面。

（1）城乡互为旅游资源。城市的旅游资源形成了都市旅游，其产品形式主要是文化旅游和专题旅游，如购物旅游、娱乐旅游等，这对于乡村的旅游者具有很大的吸引力；乡村的旅游资源形成了乡村旅游，其产品形式主要是生态旅游、度假旅游和特种旅游，这是长期生活在嘈杂都市的城市居民所向往的旅游趋势。

（2）城乡互为旅游市场。为了追求更高层次的生活质量，城市居民将成为乡村旅游的主要客源，而乡村居民将成为都市旅游的主要客源，这能促进城乡旅游双方的发展。

（三）区域旅游是一种发展趋势

旅游经营规律的特点要求跨越行政区划的限制，建设一批发达的旅游区域。这是完全有条件的，在发展过程中也已在逐步形成，今后这种发展趋势将更明显。建立区域旅游主要有以下两种形式。

（1）邻近区域的结合。以这种方式，在我国已经形成了几个旅游发达的地区，如粤港澳大三角旅游区、苏浙沪旅游区、环渤海旅游区。

（2）以产品、线路为依托的结合。如已经形成的长江三峡游、丝绸之路游都是这种区域旅游形式。

从发展趋势来看，这两种形式的区域旅游都将有较大的发展，这种发展的态势会形成一个很好的局面，使全国统一大市场的形成成为一种必然。

五、旅游经济增长方式的转变

改革开放几十年来，旅游发展基本上是靠外延的扩大、粗放型的增长方式来支撑的。因此，市场环境好的时候企业效益高，反之企业效益下降。企业普遍缺乏抵御市场风险的能力，也缺乏真正的竞争力。因此，完成增长方式由粗放型向集约型的转变是今后最重要的一个任务。这种增长方式向集约型的转变主要表现为以下趋势。

（一）大规模投入的势头减缓

所谓旅游业"投资小、见效快、利润高、创汇多"的神话在一定时期内对投资起到一些刺激作用，同时也起到一些误导作用。旅游业在经过短期内的几个黄金时期之后，行业效益欠佳，从发展角度来看，大规模投入的势头必然减缓。

（二）市场开拓的力度普遍加大

不仅是各级文化和旅游部门及各个旅游企业，也包括各个旅游城市的政府都会大幅度增强市场开拓的力度，开拓客源，降低成本，提高效益，这就是集约型的增长方式。

（三）效益观念普遍加强

在市场环境好的时候，大家效益观念都较弱，以为只要埋头工作，效益就来了；而现在市场环境不好了，效益差了，效益观念就会普遍增强，各类应变措施将被普遍采用。

六、旅游管理方式的变革

旅游经济从本质上来说就是知识经济，至少是最适应知识经济发展的行业。因此，旅游管理应从经验管理走向知识化管理。而知识化管理既意味着对知识经济的管理，也意味着以知识为基础的管理，是建立在旅游业良好的信息化、网络化基础之上，并且超越信息中心或专业内部网络管理的一种全新管理模式。其目的是充分挖掘和利用旅游业的知识资源，运用现代化管理的科学理论和科技，建立合理的科学的管理体制，提高管理效率，运用科学管理技术方法，进行市场预测、盈亏平衡分析、辅助决策等。其包含两个层次：一是行业管理，就是各级文化和旅游部门对各级旅游事业的管理，其知识化程度主要取决于各级文化和旅游部门管理人员的素质及知识应用的程度；二是企业管理就是各类企业对各自事业的管理，其知识化程度取决于企业的技术创新和管理创新。现在，两个层次都存在不足，因此加强知识化管理是一个历史性的任务，也是一个历史性的趋势。知识化管理的主要任务是创新知识、培训人才。旅游领域的知识创新突出表现在以下4个方面。

（1）决策创新：决策要科学化、民主化，要有科学依据。

（2）管理创新：网络经济带来了组织结构和管理架构的革命性变化，垂直型将为扁平化所取代，这就导致管理科学的革命。

（3）理论创新：旅游理论科学的建设与发展，产业的成熟与理论的成熟是紧密联系在一起的，产业的创新更需要理论的超前创新。

（4）技术创新：旅游业的发展也需要技术创新，如旅游信息技术在营销网络化方面的开拓技术、旅游资源的开发技术、规划技术、旅游环境的保护技术等。旅游人才的培训应注意如何面对实际、面对发展、面对知识经济的需要。

七、旅游竞争的文化性越来越突出

文化性是旅游的一个重要性质。实际上旅游本身的文化功能是内在的，旅游企业是生产文化、经营文化和销售文化的企业，旅游者的旅游本质上就是购买文化、消费文化和享受文化。从旅游企业在市场上的运作来说，竞争可分为3个层次，即价格竞争、质量竞争和文化竞争。其中，价格竞争是最低层次的，也是最普遍的竞争方式，而文化竞争则是更高层次的竞争。因此，在旅游发展的过程中，文化性竞争将越来越突出。在具体的发展过程中，首先应注重文化内涵的挖掘，其次要注重文化形式的表现，同时还要注重过程和细节的文化性。

八、旅游发展模式的国际化趋势

旅游经济发达国家的旅游发展模式一般是先发展国内旅游，再发展入境旅游，而后发展出境旅游。而我国旅游发展所走的是一条完全不同的道路,我国是以解决最短缺的外汇收入为起点,超前在国民经济体系中发展国际旅游。40多年来的发展,达到了设想的初衷,但也不可避免地遗留了一些问题。进入20世纪90年代以来,随着国内经济的长足发展和人们生活水平的提高,国内旅游开始兴起,并迅猛发展。近十余年来,出国旅游方兴未艾,使中国旅游的发展模式产生了根本性的变化,也为我们在21世纪开创国际化发展模式奠定了坚实的基础。在开创国际化发展模式的过程中,将出现以下趋势。

(一)环境建设亟待加强,环境质量亟待改善

我国与其他发达国家的最大差距就在于环境质量。因此,我们的旅游要与国际接轨,就必须加强环境建设,改善环境质量,营造一个愉悦的旅游环境。在自然环境方面,必须拥有清新的空气、清洁的水体、清爽的市容。在社会环境方面,首先要有安定团结稳定的政治局面和健康安全的社会环境。其次要改变旅游目的地居民对旅游的认识与态度,并进一步改善他们与旅游者之间的关系。同时还要尽可能减少旅游发展给旅游目的地居民带来的冲击及其对具有较高旅游资源价值的民风民俗的影响。另外,要提高旅游目的地居民的整体素质,其中最重要的是道德水准和文化素质。

(二)体制和机制有待进一步改革

为了与国际旅游接轨,我国旅游经济要向以下几个方面发展。

1. 旅游经济体制的市场化趋势

主要是处理好市场化的旅游经济体制与政府主导型的旅游发展体制之间的关系。"政府主导"不是"政府主宰",不能沿用计划经济下高度集权、首长拍板的指挥模式来管理属于经济范畴且关联特别广、竞争特别强的旅游业,因为这样会使行政关卡过多,地域限制过严,违背市场经济的长官意志盛行。"政府主导"也不是"政府包办"或"政府主财",而是由政府制定政策、法规、规划,创造环境,开拓市场,并对企业进行宏观引导。而旅游发展本身是一个遵循市场经济规律的过程,政府也必须以市场经济规律为基础来对其发展进行宏观调控和引导。

2. 企业运营体制的国际化趋势

主要体现为旅游企业管理制度的现代化趋势,即通过推行现代企业制度,使旅游企业逐步形成一种国际化的运营机制以及发展政策的国际化趋势,也就是采用国际上惯用的和成功的发展政策来激励旅游投资和企业的发展。

3. 竞争体系的完善化趋势

现在,各国的旅游竞争已经形成为一个完整的体系,即以企业竞争为基础,以联合竞争为主体,以国家直接参与和组织竞争为龙头。为了使该体系进一步完善并正常发挥作用,管理要

素在其中应发挥越来越重要的作用。不仅是企业的微观管理在竞争中发挥重大作用,政府宏观管理的作用也日益突出。政府宏观管理较通行的做法:一是增加投入;二是组织国家级的大型活动;三是全面调整企业结构,加强对运行秩序的调控,促进质量和形象的改善。

4.营销机制的海外联动趋势

我国各个机构和部门的驻外机构很多,但是它们之间的互相配合不足。实际上,各种驻外机构都应该具有宣传中国、宣传旅游的职能,如果将这种力量组合、凝聚起来,就可以形成一个海外联动的营销机制,这将很有力地扩大中国在国际上的影响。

旅游在线

2022年海外"中国旅游文化周"全球联动——共赏"美丽中国",同享"诗和远方"

2022年海外"中国旅游文化周"重点突出,围绕"非遗减贫""乡村振兴""城市建设""黄河文化""丝路文旅"五大主题板块,通过讲述中华优秀传统文化保护传承、文化和旅游助力脱贫攻坚和乡村振兴、当代中国创新发展的生动故事,充分展示新时代中国特色社会主义建设的伟大成就,让其中蕴含的中国经验、中国方案、中国智慧更好地走向全世界,造福全人类。

其中,"非遗减贫"板块通过"非遗让生活更美好"——非遗减贫专题数字展系统呈现中国通过非遗减贫的生动实践和有益经验,精选的图片和短视频彰显了中国非遗"见人见物见生活"的勃勃生机;"乡村振兴"板块展示了具有代表性的中国乡村的今昔变化和发展成就,展现了中国人民建设幸福家园、让子孙后代"望得见山、看得见水、记得住乡愁"的不懈努力;"城市建设"板块通过《城·事》系列短视频讲述9个中小城市的人文故事,邀请观众跟随外籍主播实地探访,感受兼具历史深度和现代活力的中国城市风貌;"黄河文化"板块着力推介黄河流经区域优美的自然风光和多彩的文旅资源,讲述"黄河故事",分享黄河之美;"丝路文旅"板块则集中展示了丝绸之路沿线地区的优秀文化和旅游资源。

这些精心设计、悉心挑选的数字资源,由各中心及旅游办在机构官网和"脸书""优兔""影格"等社交媒体账号上集中推出,与当地民众相约"云端"。一个个精彩项目勾勒出当代中国一幅幅真实生动的自然和人文画卷,全方位、立体化地呈现了中国的文化和旅游形象,以及近年来在建设发展方面的努力与成果,获得海外民众的高度关注,中国在传统文化的保护与创新发展、文旅赋能助力减贫等方面的情况尤其受到大家广泛认可。

今年的"中国旅游文化周",各海外中国文化中心和旅游办事处线上线下联动发力,创新策划,增强互动,进一步丰富传播渠道、推进内容融合、扩大受众面,与当地民众共赏"美丽中国",同享"诗和远方"。

九、法制体系的规范化趋势

市场经济是法制经济,建立规范的法制体系是旅游发展的基础和重要保障,也是旅游发展的大趋势。其主要表现在以下两个方面。

(一)旅游立法体系化

旅游立法体系包括以下5个方面的法律和规章。

(1)国家大法。国家大法现在正在逐步建立和完善,其中涉及市场经济的很多,如《中华人民共和国反不正当竞争法》《中华人民共和国价格法》等,这些大法对旅游的发展起着决定性作用。

(2)《中华人民共和国旅游法》。中华人民共和国文化和旅游部一直在积极执行,但是与国家最急需的大法相比,它处于次要地位,因此现在更多的是依靠国家大法。

(3)地方旅游管理条例。现在已有20个省市出台了旅游管理条例,基本上形成了省级法制体系,这也为全国性的旅游法规的建立奠定了基础。

(4)旅游部门规章制度。

(5)其他部门的相关法规。

这5个方面的法律和规章互相补充、互为基础和条件,形成了一个完整的体系。

(二)旅游执法权威化

旅游执法是最薄弱的环节,目前主要有以下3种方式。

(1)旅游质量监督管理制度。已经形成体系较完整的三级旅游质量监督管理所,作为授权管理的执法队伍,正在逐步发挥作用。

(2)旅游警察制度。这是一些地方学习泰国采取的一种创新方式。旅游警察制度建立起来后,将形成一支机动的旅游执法队伍。但是这种方式能不能普及,还有待研究。还有的地方建立了旅游流动法庭制度,现场解决纠纷。

(3)部门联动的执法方式。由于旅游执法力度弱、手段少,因此需采取部门联动的方式,即旅游部门、公安部门、工商部门等联合执法。实际上是借助工商的法规和公安的手段来加大旅游市场的执法力度,对治理旅游市场的秩序发挥了作用。

今后,上述3个方面的共同发展将形成旅游执法权威化的发展趋势。

十、大中华旅游圈的兴起

大中华旅游圈包括3个层次:第一层次是内地和香港、澳门组成的现实层次。随着香港、澳门的回归,这一旅游圈已经形成。从数量上看,1998年三地旅游创汇的总收入是250亿美元,已占世界市场总份额的6%。第二层次是内地(大陆)和香港、澳门、台湾所组成的需进一步发展的旅游圈。这一层次加在一起，旅游创汇为300多亿美元，占世界市场份额的8%。第三层次是世界华人经济圈，即散布于在世界各地的海外华人，总共约有6 000万人，拥有2万亿美元的资产总额，构成了一个大范围的大中华旅游圈。

大中华旅游圈的兴起是历史发展的必然，它的形成和发展将极大地提高中国旅游业的国际竞争力。创建大中华旅游圈也是中国旅游业长远发展的希望所在。

> **问题引导**：如何根据地方特色使地方旅游融入区域旅游经济发展中？
>
> _____
> _____
> _____
> _____

旅游劳模 践行剧场

耕耘在绿水青山间——鄂旅投

习近平总书记指出，"贫困之冰，非一日之寒；破冰之功，非一春之暖。做好扶贫开发工作，尤其要拿出踏石留印、抓铁有痕的劲头，发扬钉钉子精神，锲而不舍、驰而不息抓下去。"

过去十年，鄂旅投集团持续深化旅游精准扶贫，在武陵山、秦巴山、大别山等重点扶贫区域，布局一系列文化旅游项目，实现"开发一方景区、带活一方经济、致富一方百姓"。集团党委书记刘俊刚说："扶贫不是一日之功，不能搞大水漫灌、大而化之。鄂旅投集团坚持与贫困户精准对接，实施一户一策，就业脱贫与引导扶持创业脱贫相结合，因地制宜打造多元化脱贫路径。"

2018年，鄂旅投集团被国务院扶贫开发领导小组授予"全国脱贫攻坚奖（组织创新奖）"，其旅游扶贫模式入选2018世界旅游联盟旅游减贫案例。

"旅游+"夯实产业发展底盘

文化旅游业具有产业链长、带动性强、覆盖面广的特点。从创业初期，鄂旅投集团坚持创新驱动，构建"一业为主、多元协同"生态体系，推动文化旅游与相关产业融合发展。

聚焦"旅游+"，探索"核心景区+大型露营地+特色小镇+田园综合体"发展模式，一批凝聚"诗与远方"的新型城镇崛起：女儿寨风情小镇唱响历久弥新的《龙船调》，沔阳小镇让宁静的排湖生动起来，浠水运动小镇集结上百个运动休闲项目，黄梅东山小镇重新定义康养旅居新生活，咸宁白水畈田园综合体与军旅小镇荣耀出场，金湾小镇激荡起洪湖水的悠悠乡愁……

探索"文旅融合+城市新区"建设模式，用文化旅游的手笔擘画城市新区：宜昌江南URD成为未来城市样本，恩施龙凤生态新城带动城北新区涅槃重生，荆州城南新区与历史名城唱响"双城记"，鄂州红莲湖国际社区蓄势待发……

探索"文旅主业+金融平台"融投资模式，把上市平台、资本运作平台、财务公司作为发展重点，以股权纽带联结银行、证券、保险等优质金融资源，持有基金、融资租赁、小额贷款、担保、保险中介众多泛金融牌照。

探索"贸易+平台+实业"转型发展模式，传统内外贸企业焕发蓬勃生机，跨境电商、进口肉类、平行进口汽车平台引领对外开放，成为省属国有企业投身湖北自贸区建设和发展的先行者。

十年努力，鄂旅投集团资产总额由15亿元增长到500亿元，增长约33倍；年经营收入从零起步到90亿元；年实现利税由187万元增长到11亿元，增长约588倍；综合实力跻身全国旅游集团20强，列中国旅游投资企业百强第11位。

提升旅游产品"含绿量"

绿水青山就是金山银山！一直以来，鄂旅投集团坚持保护优先，合理有序开发，防止破坏环境，实现经济效益、社会效益、生态效益相互促进，共同提升。

大自然赋予了湖北众多得天独厚的自然资源，鄂旅投集团坚持在保护中开发、在开发中保护，不搞大拆大建，尊重生态原貌，持续提高旅游产品的生态"含绿量"。

在该集团旗下景区，无论是步道、垃圾桶还是路灯等，在建筑选材等环节，均尽量选用石材和木头，注重与自然的和谐统一。

2019年清明小长假，一对来自广东的夫妇被恩施大峡谷的生态环境深深打动："这里的自然景观太奇特了！景区打造十分合理，注重生态保护，让人心情舒畅。"

此外，鄂旅投集团积极利用新能源、新材料和新科技装备，提高景区节能环保水平。如按照星级厕所建设标准，累计投资近亿元，新建、改扩建厕所200多座。2017年至2018年，每年用于新建及改扩建3A级厕所的投资超过2 000万元。

而今，鄂旅投集团已进入第二个十年发展周期，将继续践行"绿水青山就是金山银山"的理念，围绕"一芯两带三区"区域和产业发展战略布局，抢抓长江经济带、乡村振兴、全域旅游等战略机遇，奋力开启二次创业新征程，为建设湖北文化旅游强省作出新的更大贡献。

（资料来源：湖北日报，2019-05-08. https://hb.cri.cn/chinanews/20190508/6e1d5f3b-fabd-27a0-17d4-cb899efaae4e.html）

归纳总结

章节名称：		日期：	
专业：	班级：		姓名：

索引区域
请对本章节所学内容进行要点提炼。

笔记区域
记录本章节中的重点、难点和中心思想，对未掌握部分进行梳理。

总结区域
请对本章节所学内容进行归纳总结。

课后测试

课程名称	旅游概论	专业	
学习任务	第七章　旅游业的发展趋势	班级	
学习内容	1.世界旅游业的发展趋势 2.中国旅游业的发展趋势	姓名	

码上刷题

1.世界和我国旅游业的发展趋势分别是什么？

2.推进我国旅游产业转型升级的措施有哪些？

3.大中华旅游圈划分为哪3个层次？

4.我国假日旅游存在和发展的原因是什么？有什么特点？

参 考 文 献

[1] 任冠文.中国历史文化[M].大连:东北财经大学出版社,2003.
[2] 程杰晟.中国历史文化概论[M].北京:机械工业出版社,2010.
[3] 杨朝晖.旅游法规实务[M].3版.大连:东北财经大学出版社,2019.
[4] 常晓芳.旅游法规实务[M].长沙:湖南大学出版社,2015.
[5] 李娟文.中国旅游地理[M].7版.大连:东北财经大学出版社,2021.
[6] 赵江洪,孙铭悦,董岩.新编中国旅游地理[M].北京:旅游教育出版社,2020.
[7] 赵莹雪,朱智.中国旅游地理[M].北京:北京师范大学出版社,2011.
[8] 赵利民.旅游客源国(地区)概况[M].3版.大连:东北财经大学出版社,2015.
[9] 赵利民.导游文化基础知识[M].长春:东北师范大学出版社,2014.
[10] 赵利民.旅游法规教程[M].4版.北京:科学出版社,2015.
[11] 曹华盛.旅行社经营与管理[M].2版.上海:上海人民出版社,2014.
[12] 赵利民.旅游资源概论[M].北京:北京理工大学出版社,2010.
[13] 赵利民.导游文化知识一本通[M].北京:旅游教育出版社,2009.
[14] 余志勇.旅行社经营管理[M].北京:北京大学出版社,2015.
[15] 周建良.电子商务实务[M].2版.北京:清华大学出版社,2014.
[16] 谢彦君.基础旅游学[M].4版.北京:商务印书馆,2015.
[17] 吴国清,冷少妃.旅游学理论基础[M].上海:上海人民出版社,2014.